BERND ULRICH

ALLES
WIRD
ANDERS

Das Zeitalter der Ökologie

Kiepenheuer & Witsch

Dieses Buch wurde in den bewegten Wochen im Frühjahr 2019 geschrieben. Selten wurde so scharf und so breit über die Klimapolitik gestritten, das hat dieses Buch motiviert und beeinflusst. Geholfen hat mir dabei mein Sohn Fritz Engel, er hat recherchiert, alle Thesen mit mir durchdiskutiert und am Ende einige Passagen formuliert. Auch sein Denken und sein Engagement stecken in den folgenden Seiten.

Verlag Kiepenheuer & Witsch, FSC-N001512

1. Auflage 2019

Umschlaggestaltung: Rudolf Linn, Köln
Umschlagmotiv: © Buiten-Beeld/Alamy Stock Foto
Autorenfoto: © Vera Tammen
Gesetzt aus der MikawayBQ
Satz: Dörlemann Satz, Lemförde
Druck und Bindung: GGP Media GmbH, Pößneck
ISBN 978-3-462-05365-4

Meinen Kindern:
Alma, Franziska, Fritz, Luise und Rosa

Inhalt

Sorge, Hoffnung, etwas Scham
und eine neue Freiheit –
zur ökologischen Biografie
eines Babyboomers

Ein Vorwort

»Deutschland hat seine Vorreiter-Rolle beim Klimaschutz verloren« – der Satz, gesprochen von Deutschen, hört sich so an, als wäre Deutschland jemand anders. Dabei wird dieses Land ja gemacht von den Menschen, die darin leben, in den letzten ein, zwei Jahrzehnten insbesondere von einer speziellen Generation, den Babyboomern, jenen Menschen aus den geburtenstarken Jahrgängen um 1960. Wir sind die meisten, wir haben nun lange dominiert, in der Politik, in den Medien, in den Schulen, in der Verwaltung und in der Wirtschaft. Und wir sind in gewisser Weise die erste grüne Generation oder haben uns das jedenfalls eingeredet, weil der Anfang unseres Erwachsenenlebens mit der ökologischen Bewusstwerdung der westlichen Welt in eins fiel, irgendwann in den 70ern war das wohl.

Der Satz »Deutschland hat seine Vorreiter-Rolle beim Klimaschutz verloren« muss also eigentlich heißen: »Wir, die Babyboomer, haben die Vorreiter-Rolle Deutschlands aufgegeben.« Wir haben den Faden verloren, wir waren abgelenkt, wir haben es zugelassen, dass wir selbst nun an einem Punkt angekommen sind, an dem nur noch eine radikale ökologische Wende ein ökologisches Desaster verhindern kann. Es ist ein Problem entstanden, das durch Moderieren, durch Maß und Mitte nicht mehr zu bändigen ist. Schreck lass nach! Dabei war es doch genau das, was wir am besten konnten, wir haben uns an der Generation Schmidt/Kohl und den 68ern vorbei gewissermaßen an die Macht moderiert, weniger biografisch versehrt als die einen, weniger ideologisch aufgedreht als die anderen. Und jetzt das! Ausgerechnet wir, die sanfteste und die grünste Generation, die je in Deutschland an der Macht war, wir haben diese Zuspitzung der Wirklichkeit zugelassen, wenn nicht gar verursacht. Offenbar sind wir nicht nur die erste Generation, die mit der Ökologie aufwuchs, sondern auch die letzte, die das Thema Klima erfolgreich verdrängen konnte. Was war bloß los mit uns, was bleibt jetzt noch zu tun? Wie erklären wir uns unseren Kindern, was geben wir ihnen mit?

Die ökologische Debatte krankt an dem, woran alle großen und wichtigen Debatten in diesem Land, aber auch viele Gespräche von Mensch zu Mensch kranken: Die Schuldfrage wird zu wichtig genommen. Jeder weiß, woher diese Gewohnheit kommt, aber wo sie außerhalb der dunklen deutschen Vergangenheit aufgeworfen wird, da richtet sie viel Schaden an: Der Weg zu den Ursachen wird überlagert von der Frage nach der Schuld. Das gilt nicht zuletzt auch für uns Babyboomer: Wenn wir wegen unserer enttäuschenden Bilanz angeklagt werden oder uns selbst anklagen, so wird die Erinnerung sogleich moralisch abgedichtet, mit einem Satz wie »Wir haben uns doch bemüht« verklebt. Davon wird man nicht klüger.

Auf der anderen Seite krankt unsere Debatte über Ökologie auch daran, dass oft nicht klar ist, wer da spricht, wie er oder sie zu ihren Einsichten gelangt ist. Darum möchte ich dieses Buch, das nicht weniger versucht, als die Voraussetzungen einer grundlegenden Wende zu denken, mit einem kurzen Abriss meiner eigenen Ökobiografie beginnen. In der geht es nicht in erster Linie um meine Schuld oder meinen CO_2-Abdruck, sondern um Ursachen und die Genese: Wie sind wir in die ökologische Sackgasse der Gegenwart geraten?

Ich bin am 17. Oktober 1960 in Essen geboren, Mutter Schildermalerin, Vater Landschaftsgärtner, Patentante Wirtin, Patenonkel im Bergbau. Es wäre falsch zu sagen, dass ich mich an die 60er-Jahre genau erinnere. Manches ist mir im Gedächtnis geblieben, anderes sind Fotos, Erzählungen der Verwandten, Filme, nicht zuletzt der Reim, den ich mir im Rückblick mache. Dies vorausgeschickt, erinnere ich mich mit als Erstes an Männer, die Blut in Stofftaschentücher husteten. Diese Männer müssen Bergleute gewesen sein oder Raucher, meistens ja beides, mich haben sie befremdet und schockiert, aber zugleich empfinden Kinder alles als normal, sie haben ja keinen Vergleich. Im Nachhinein ist klar: Diese Männer verkörperten den verrückten Stolz des Ruhrgebiets, weil sie sich aufgeopfert haben, ihre Körper hingegeben haben, um die große Maschinerie anzutreiben, den Fortschritt. Der Fortschritt griff damals ohnehin schwer um sich, ich gehöre zur Generation Contergan, ein damals neues Mittel für Schwangere, das zu Missbildungen bei den Neugeborenen führte. Wenn ich heute Menschen mit verkürzten Armen sehe, weiß ich gleich: Altersgenossen. Als ich anfing fernzusehen, wurde die erste Mondlandung gezeigt, kurz darauf wurde das Fernsehen farbig, und damit die ganze Welt. Auf die Idee, dass Zukunft und Vorne dasselbe sind, brauchte ich also gar nicht selber kommen, sie umgab mich von Anfang an wie die schlechte Luft und das Pitralon-Rasierwasser meines Vaters.

Trotzdem standen erst einmal die Bergleute im seelischen Zentrum, die hustenden Helden des Reviers. Vom Himmel regnete es oft gelb, das war der Schwefel von den Kokereien. In Altenessen, wo meine Oma wohnte, wurde die Wärme noch in Gestalt von Eierkohlen in die Keller gekippt, dann in den vierten Stock geschleppt, eine Plackerei. Die neuen Plastik-Mülleimer trugen die Aufschrift: »Bitte keine heiße Asche einfüllen«. Dass die Wärme nicht nur Asche hinterließ, sondern auch Kohlendioxid, wussten wir damals nicht. Die Kälte für die Konditorei im Parterre kam übrigens noch in riesigen Eisblocks auf den Schultern imposanter Männer (ich war erst 80 Zentimeter groß). Mein Vater war immer auf Baustellen, es wurde unendlich viel gebaut. So viel wie im Krieg zerstört worden war, und dann noch mehr. Meine Mutter malte Leuchtreklamen für Stauder-Bier, alles musste fließen, erst recht das Pils, es war ja sonst nicht auszuhalten.

Man muss sich das Ruhrgebiet zu der Zeit als Austragungsort einer gewaltigen Materialschlacht vorstellen. Wir Kinder spielten in den Brachen und hatten unsere eigenen Schlachten: Wir bewarfen uns mit China-Krachern und schmissen Haarspray-Dosen (mit FCKW, aber auch das wussten wir natürlich nicht) in unsere Lagerfeuer, damit sie explodierten. Als Jugendlicher arbeitete ich auf dem Bau, es wurde viel Material verschwendet, es wurde auch geklaut, Kupferkabel zum Beispiel, auch mal eine Wagenladung Pflastersteine. Das Ruhrgebiet war voller Material, so schien es mir. Es gab aber auch die kleinen Gärten mit Rhabarber und Petersilie von den Tanten, Gerti und Hedwig, die irgendwie alleinstehend waren, zu viele Männer waren im Krieg geblieben, da konnte nicht jede einen haben, vielleicht waren die Tanten aber auch froh darüber.

Leicht schien mir das alles nicht zu sein, aber es gab Belohnungen. Das Essen vor allem. Meine Oma, die im Krieg gehungert hatte, aß Unmengen an Kartoffeln, Fleisch, Kohl, immer alles »mit einem Stich guter Butter«. Für ein Pfund Butter konnte man im Krieg zeitweise einen Perserteppich bekommen. Sie ging immer zu den Billig-Discountern, kaufte Dosen, meist zu viele, aber wenn noch mal Krieg kommt … Belohnungen waren auch die Reisen an den Rhein, Boppard: »Wenn das Wasser im Rhein goldner

Wein wär', möcht' ich ein Fischlein sein«. Ja, es wurde getrunken, hoch die Pokale.

Für die Jüngeren wie meine Eltern bestand die Belohnung darin, dass es allmählich besser wurde, immer besser. Keine Kohleöfen mehr, sondern Zentralheizung mit Öl. Kein Sonntagsbraten mehr, sondern Alltagsbraten. Und dann zum ersten Mal fliegen, mit einer Propeller-Maschine nach Las Palmas. Wo liegt das? Vor Afrika! Wow! Und die Autos: zuerst ein VW-Käfer, als Nächstes ein Variant 411, dann Opel-Kommodore, endlich: Mercedes, irgendwann sogar zwei Autos. Später wurden die Autos dann wieder kleiner, etwas war schiefgelaufen. Sobald ich 15 war, durfte ich auch mitmachen beim Verbrennen von Benzin, ein Mofa von Zündapp, zwei Gänge, leicht zu frisieren. Bei größeren Familienfeiern standen die Männer zusammen und diskutierten ihre Anfahrtswege, fachmännisch über Karten gebeugt: Die B 1 nehme ich nicht, ist immer Stau, und am Kamener Kreuz? Diese Gespräche waren ein irgendwie kultischer Akt, sie dauerten jedenfalls sehr lange, gefühlt bis zur Abfahrt.

Was ich wohl dabei gelernt habe, ohne es mir recht bewusst zu machen: Fortschritt hat mit Materie zu tun, aber auch mit Ehre, Konsum ist Belohnung, man kann auch große Dinge damit vergessen, den Krieg etwa, und kann es doch nicht. Aufstieg hat mit Autos zu tun, überhaupt mit Produkten. Einmal, da war ich vielleicht neun, bin ich mit meinen Eltern zu einem Edeka-Geschäft gefahren, an einem Sonntag, wir waren die einzigen Kunden und durften so viel nehmen, wie wir wollten, es ging nämlich darum, bei den Ladenbesitzern Außenstände einzutreiben, weil sie sich von meinem Vater einen Garten hatten anlegen lassen und dann nicht bezahlen konnten. Sonntags, Edeka, soviel man will. War das schon das Paradies?

Nein. Spätestens in den frühen 70ern begann eine zweite Geschichte, und in der gab es autofreie Sonntage, weil die OPEC das Öl verknappt hatte. Es war also doch nicht endlos. Und im Fernsehen sah man Vögel, die nach einer Havarie im Schweröl starben. Und plötzlich, so mit 13, 14, merkte ich, dass im Ruhrgebiet nicht nur Bergleute starben, sondern auch Biotope, Vögel, Amphibien. Zwei Freunde von mir waren Ornithologen, sie verstanden wirklich etwas davon, ich lief zwar nur so mit, las aber auch immer mehr über das neue Wort: Ökologie. Oft saßen wir in der Dämmerung an irgendwelchen Obstwiesen und lauschten auf die Steinkäuze, einmal befreiten wir einen Bach aus seinem zu eng gewordenen Bett, um sumpfiges Gelände zu schaffen. Gut, wir waren auf der Schule in einer reinen Jungsklasse, keine Mädchen in der Nähe. Das mit der Ornithologie hatte also womöglich noch andere Ursachen als Tierliebe, aber immerhin, ein Samen war gelegt, ein paar Grundkenntnisse vorhanden.

Unter der Hand war ich als Jugendlicher ein politischer Mensch geworden, Urprägung grün, lange bevor es die Partei gleichen Namens überhaupt gab. Zum Philosophie-Studium wechselte ich nach Marburg, ein Zufallstreffer bei meiner Zukunftsplanung, im Vergleich zum großartigen, großkotzigen Ruhrgebiet eine Märklin-Welt, hier erholte ich mich von meiner Kindheit. Ganz organisch, ohne besonderen Beschluss wuchs ich in die Öko- und Friedensszene hinein. 1980 dann ein erstes prägendes Erlebnis, unvergessen bis heute. Um das geplante atomare Endlager in Gorleben zu verhindern, hatten Aktivisten das sogenannte Bau-Los 1004 besetzt, wo Probebohrungen vorgenommen werden sollten. Ein Hüttendorf war entstanden, um das zu verhindern. Dort wurde Basisdemokratie praktiziert, ökologische Ernährung eingeübt, ein alternatives Leben. Hier lernte ich, was Tante Hedwig aus dem Rhabarber auch hätte machen können: Saft, naturtrüb. Ich war 19 und fasziniert, erstmals schien mir eine ganz andere Art von Leben möglich, gewissermaßen das Gegenteil meiner Kindheit. Zugleich spürte ich nach einer Weile die wachsende Nervosität in unserem Hüttendorf. Die von der niedersächsischen Landesregierung angedrohte Räumung schwebte über allem, und ich wusste damals nicht, ob sie womöglich sogar eine Erlösung sein würde, denn die Spannungen unter den Aktivisten nahmen zu: Alternativ zu leben – wer von uns hatte das schon wirklich geübt? Am 4. Juni 1980 war es dann so weit. Die Staatsmacht rückte an, aber wie: Schützenpanzer, Helikopter, Grenzschützer mit geschwärzten Gesichtern, der Staat spielte Bürgerkrieg, man wollte uns einschüchtern. Und ich *war* eingeschüchtert. Ohne jeden Widerstand ließ ich mich abtransportieren. Was ich gelernt hatte: Es gibt vielleicht eine Alternative. Und: Was müssen da für Interessen auf dem Spiel stehen, wenn der Staat sich so gebärdet? Die Sache mit der Ökologie ist offenbar richtig ernst. Es hat lange gedauert, bis mir beides wieder so klar war wie an jenem warmen Junitag, als ich mit schlotternden Knien im Gefangenenbus saß.

Ach so, zwischendurch ist eine Delegation der Jusos zu Besuch im Hüttendorf gewesen und hat irgendwas verlesen. Mich interessierte das nicht sonderlich, als Ruhrpott-Kind wusste ich, dass von Sozis (damals) ökologisch nichts zu erwarten war. Und deswegen lernte ich Gerhard Schröder erst zwei Jahrzehnte später, als Journalist, kennen.

In diesen Jahren hatte ich auch meine erste vegetarische Phase, was man sich mindestens so exotisch und auch schwierig vorstellen muss wie heute vegane Ernährung. Politisch stand Anfang der 80er dann aber erst einmal die Friedensbewegung im Vordergrund, nach dem Studienabschluss schließlich Zivildienst. Irgendwo im politischen Gewusel dieser Zeit lernte ich bei einer Podiumsdiskussion Antje Vollmer kennen, und als diese zu einer der Chefinnen der grünen Bundestagsfraktion gewählt wurde, machte sie mich zu ihrem Büroleiter, das war 1988, ich war 27 und überfordert. Die Grünen lagen damals in einem tiefen Streit, zwischen den sogenannten Fundis und den Realos. Wobei allerdings beide Flügel eine gewisse linke Grundskepsis gegenüber ihrem Land in sich trugen, was sich dann wenig später fatal auswirken sollte. Die deutsche Linke hatte traditionell ein prekäres Verhältnis zur Mehrheit der Deutschen, sie schien ihnen aufgrund der Geschichte verdächtig. Natürlich waren den Linken nur die anderen Deutschen verdächtig, sie selbst nicht, sie waren ja links. Und als dann die deutsche Einheit »drohte« und noch einmal 16 Millionen Deutsche hinzukommen sollten, schien den Linken, auch denen bei den Grünen, Realos wie Fundis, die kritische Masse von Deutschen – wieder – erreicht. Darum fanden sie kein positives Verhältnis zur deutschen Einheit. Im Bundestagswahlkampf 1990 versuchten die Grünen dann, mit dem neu entdeckten Klimawandel zu punkten und die eigene verkorkste Deutschlandpolitik zu überdecken. »Alle reden von Deutschland, wir reden vom Wetter« – so lautete damals ein Wahlslogan. Doch natürlich gelang es nicht, die linken Altlasten mit dem neuen Thema Klima im Handumdrehen verschwinden zu lassen. Denn die Wählerinnen und Wähler haben gemerkt, dass da das Klima nur instrumentalisiert wurde – die Grünen flogen aus dem Bundestag, und das Thema Klima wurde auch dank seines Missbrauchs durch die Grünen vorerst vertagt. Ich selber flog mit aus dem Bundestag, zweieinhalb Jahre Parteipolitik, das war's dann. Für immer. Ich fand mich zum zweiten Mal als Arbeitsloser wieder und musste mich nach einem Job, nach einem Beruf umschauen. Ich schrieb zunächst Artikel in abgelegenen Publikationen zu ökologischen Fragen und landete dann nach einigen Umwegen – unter anderem bei einer Zeitung, der ostdeutschen *Wochenpost,* die dann dichtgemacht wurde – und einer dritten Phase der Arbeitslosigkeit doch noch im »richtigen« Journalismus.

Hatte ich hier schon meinen Faden verloren? Gewiss nicht, eher wurde er vom Leben noch stärker gewirkt. Dennoch hatte sich noch etwas anderes etabliert, ohne dass ich es zu dem Zeitpunkt schon recht gemerkt hatte, eine zweite Triebkraft neben meinem ständigen Verändern-Wollen und Schreiben-Müssen. Aufstieg, sich etablieren wollen, das war zwar nie meine primäre Motivation gewesen, aber in gewisser Weise etwas noch Gefährlicheres: eine Art Begleitdroge meines Lebens, ein Zusatz, der dann irgendwann auch mal das Eigentliche zudecken sollte.

In meiner Zeit beim Berliner *Tagesspiegel* fügte sich mein neuer Beruf noch sehr gut mit meinem Lebensthema – unter anderem hatte ich 1997 die Gelegenheit, die damalige Umweltministerin Angela Merkel zur Klimakonferenz nach Kyoto zu begleiten, zur Geburtsstunde der globalen Klimapolitik. Ein Jahr später eroberten die Grünen die Regierungsmacht. Wenn man das so sagen will, tatsächlich waren sie der viel kleinere Partner in der ersten rotgrünen Bundesregierung. Die leitete neben einer moderaten Energiewende und einem allmählichen Ausstieg aus der Atomenergie (Meine Kämpfe in Gorleben, später Wackersdorf, Brokdorf und so weiter hatten sich doch gelohnt!) auch viele andere ökologische Maßnahmen ein. Und so ergab sich eine für mich angenehme Situation:

Meine eigene, späte Etablierung als Journalist verlief parallel zu einer ersten zaghaften Ökologisierung der Republik. Kinder kamen, insgesamt drei, und Kinder sind ja etwas Wunderbares, vor allem auch: eine wunderbare Ausrede. Zum Beispiel dafür, nicht ganz so ökologisch zu leben, wie man sich das vorgenommen hatte. Mit jedem Kind wuchs die Größe des Autos. Schließlich war es ein Volvo V70, das Auto für Leute, die gern ein großes Auto haben, es sich aber zugleich nicht eingestehen möchten. Aufstieg durch Ausdehnung, so hatte ich es in der Kindheit gelernt, und so schlich es sich auch wieder in mein erwachsenes Leben. Privat schwankte ich beständig zwischen vegetarischen Phasen und solchen mit Fleisch, gar nicht so wenig Fleisch, wenn ich mich recht erinnere, aber bio. Was ließ mich so schwanken?

Außerdem Rushhour des Lebens. Sie wissen schon, man war sehr beschäftigt, zu beschäftigt vielleicht, um die beiden nächsten Wendepunkte im Leben mit vollem Bewusstsein anzugehen: für mich persönlich der Wechsel zum Zentralorgan der mittleren Vernunft, in die Mitte der Mitte der Republik, die völlige Etablierung, aber auf die gute Art. Ich ging zur ZEIT, dem Volvo unter den Zeitungen, ganz drin, ganz oben, aber mit einem Schal über der Schulter und einer Tüte skeptischer Fragezeichen in der Jackentasche. Aus Lakritz.

Und dann, 2005, wechselte die Regierung, die Schwarzen kamen an die Macht, die Anti-Ökologen. War man also wieder Minderheit, musste man zurück auf die Straße oder als gewissermaßen geborener Öko wenigstens so schreiben? Aber nein, doch nicht, einerseits war zwar die CDU an der Regierung, andererseits aber auch Angela Merkel. Die Klimakanzlerin, so wurde sie damals tatsächlich genannt, weil sie an ihrer Politik als Umweltministerin festzuhalten schien. Und der Schein trog auch mich ganz angenehm.

Tatsächlich war die Umweltpolitik von Schwarz-Rot, später dann von Schwarz-Gelb in etwa so lasch wie mein Leben als aufgestiegener Mensch und Charlottenburger Bildungsbürger. Wobei ich dann immer noch zu sehr Ökologe und auch zu sehr Ruhrpott-Kind blieb, um mich in all dem rundum wohlzufühlen. Das Unbehagen reichte aber nicht für eine Umkehr, ein bisschen bio und öko genügten mir vorerst. Und ich lernte in meiner neuen beruflichen Rolle etwas, das mir seinerzeit gar nicht bewusst war, nämlich das Betriebsgeheimnis des etablierten Journalismus. Als Journalist ist man ja ein wenig zur Originalität verpflichtet, wegen der Langeweile und so, was mir leichtfiel, weil ich eine für Journalisten ungewöhnliche Biografie hatte. Man sollte und wollte dabei allerdings nicht zu oft und sehr von einer gedachten Mitte abweichen; selbstverständlich gab es keinerlei Zwang, es war eher eine Art vorauseilender Abstiegsangst des Kindes aus kleinen Verhältnissen, ich traf also eine Art unbewusstes Arrangement. Im Grunde besteht die Kunst im Journalismus (neben Fleiß und Talent) darin, die Standardabweichung zu jener imaginären Mitte intuitiv zu ahnen, weit genug weg, um nicht langweilig zu sein, nah genug dran, um nicht marginalisiert zu werden.

Das hört sich jetzt korrupter an, als es war, denn schließlich lief das Konzept der Mitte-Politik recht gut, das Land wurde weiblicher, schwuler, ökologischer, freundlicher, vielleicht nicht sozialer, aber da guckte man nicht mehr so genau hin, bisschen vergessen das Spielen in den vermüllten Brachen der Heimat, die kurzen kleinen Schlägereien an den Sozialbauten, lange nicht mehr in Boppard am Rhein gewesen. Und dann kam auch noch Fukushima, und es geschah das ganz große Wunder: Die CDU, jene Partei, die uns 1980 in Gorleben einen kleinen Bürgerkrieg gegen Umweltschützer hingelegt hatte, diese CDU stieg aus der Atomkraft aus und leitete eine zweite Energiewende ein. Konnte das denn wahr sein? Am Tag der Ausstiegs-Entscheidung von Angela Merkel veröffentlichte die *TAZ* auf der Titelseite ein altes Foto aus den späten 70ern von ein paar zotteligen Typen, die irgendeinen AKW-Bauplatz besetzt hatten, und schrieb drüber: »So sehen Sieger aus!« Und was soll ich sagen: Einer der Typen sah genau so aus wie ich. Wie ich früher. War die CDU so ökologisch geworden – oder meine Ökologie so bescheiden? Letzteres fragte ich mich aber ehrlicherweise zunächst nicht.

Das war ein Fehler. *Hier* habe ich den Faden verloren.

Vielleicht lag es daran, dass die Energiewende zunächst ganz gut lief, vielleicht daran, dass ein ehemaliger Marburger Kommilitone, mit dem ich früher Straßenblockaden organisiert hatte, Staatssekretär wurde und die Energiewende gewissermaßen managte. Ich dachte oder wollte denken: Wenn der das macht, dann wird das was. Und wenn es nichts wird, dann macht er es nicht mehr.

Nach der Bundestagswahl 2017 hörte er aber auf. Was Union und SPD zusammen vereinbart hatten, glaubte er nicht mehr managen und schon gar nicht verantworten zu können. Mein Freund seit Marburger Tagen ging erst mal auf Weltreise, in einem Jeep, aber mit Solardach, und er fährt nicht nur so rum, er ist auf ökologischen Pfaden unterwegs, besucht Naturreservate und futuristische Solaranlagen. Weg ist er trotzdem.

Anders als ich.

Immerhin besann ich mich, nahm endlich zur Kenntnis, dass der ökologische Konsens in Deutschland durchaus zur Beruhigung meines ökologischen Gewissens diente, nicht so sehr allerdings zum Nutzen der Natur, schon gar nicht der Klimawende. Für diese Erkenntnis habe ich ein paar Jahre zu lange gebraucht. Hätte ich nicht auf die Politik gestarrt, auf die Mitte, auf das Gewusel des Gesagten und den Kreis des Sagbaren, hätte ich nicht Angst gehabt, zu weit von der Mitte abzuweichen – sondern hätte ich einfach nur auf die Zahlen, die ökologischen Fakten geschaut, ich hätte meine Wende schon weit früher vornehmen können. Oder müssen.

Irgendetwas in mir hatte schon länger geahnt, dass die verdächtige Harmonisierung von Leben, Politik, Etablierung und Gewissen nicht mehr zu halten war. Als mir mein Sohn im Sommer 2017 mitteilte, er ernähre sich fortan vegan, brach es aus mir ohne Zögern heraus: ich mache mit. Zunächst war das sehr privat, es ging um Gesundheit, aber auch darum, wieder mehr in Übereinstimmung mit meinen Werten und Idealen zu leben. Doch dabei sollte es nicht bleiben. Eine Dynamik kam in Gang.

Wenig später begann ich im politischen Ressort der *ZEIT* dafür zu werben, das Ökologische außerhalb von Klimakonferenzen nicht länger den Ressorts Wissen und Wirtschaft zu überlassen, sondern ins Zentrum unserer Arbeit zu stellen. Die Kolleginnen und Kollegen machten mit, und viele Leser sagten: endlich.

Im Sommer 2018 schrieb ich dann einen Artikel mit dem Titel »Verschärfte Wahrnehmung«, in dem ich über meine Erfahrungen nach einem Jahr veganer Ernährung berichtete. Es ging um Körperliches, Ethisches, Kulinarisches. Es wurde einer meiner erfolgreichsten Artikel überhaupt, gemessen an der Resonanz. Aber »vegan«, das war nun nicht mehr nur originell – das war einfach ein Millimeter zu weit weg von der Mitte, es gab Beschwerden, Gerede aus dem politischen Berlin, kein Wunder, im Kabinett gibt es nur eine einzige Vegetarierin (Ursula von der Leyen), kein einziger führender Grüner bekennt sich zu einer veganen Lebensweise, Veganismus war offenbar eine Mode, der man dort lieber nicht nachgeht. Der Ulrich spinnt, hieß es hinter vorgehaltener Hand. Plötzlich war ich wieder Minderheit, wer hätte das gedacht und gewollt, ich nicht. Es ist halt passiert.

Die Sache hatte aber noch andere Folgen. Mit dieser Entscheidung – es hätte auch der Verzicht auf Inlandsflüge sein können, zwei Jahre keine neuen Klamotten oder die Abschaffung dieses kleinen verlogenen Hybrid-Autos – hatte ich mich zumindest so weit aus meiner eigenen Verdrängung und dem schlechten Gewissen befreit, dass ich wieder fähig war, voll hinzusehen. Und was ich sah, wenn ich hinsah, das ließ dann doch einige ernste Zweifel aufkommen am geistigen Zustand der Mitte-Politik und des Mitte-Journalismus. Mir wurde klar: Wir haben den Kontakt zu weiten Teilen der Wirklichkeit da draußen verloren, vor allem zur ökologischen Realität.

Ich bin unterdessen immer noch kein ökologischer Held – wenn alle so leben würden wie ich, gute Nacht! Dafür sorgt im Übrigen schon die gigantische Infrastruktur an Flughäfen, Krankenhäusern und Straßennetzen, die für unsereinen bereitgehalten werden. Ich verbrauche und emittiere gewiss mehr als meine Oma und meine Eltern in den 60er- und 70er-Jahren, überhaupt sind die Babyboomer des Westens wahrscheinlich die Generation mit dem höchsten CO_2-Ausstoß, die je den Planeten bewohnt hat. Aber ich bewege mich, ich experimentiere, und ich bescheiße mich – hoffentlich – nicht mehr so sehr und andere auch nicht. Das ist vielleicht schon etwas wert, und es macht Freude. Wenn mein alter Freund, der Ex-Staatssekretär, endlich von seiner Weltreise zurück ist, dann frage ich ihn, wie denn nun die Klimawende binnen zehn Jahren noch zu bewerkstelligen sein könnte.

Dies ist nicht das Buch von einem, der es richtig macht, sondern nur von einem, der sich nichts mehr vormachen will, nicht von einem, der besser sein will als andere, sondern es besser machen will als bisher.

1. Wissende Ignoranz –
wie man das Offensichtliche übersieht

Die Behauptung, das Private sei politisch, war einmal eine rebellische Parole, wurde dann zur Binsenweisheit, bis der Satz schließlich als leere Hülle auf den Grund des Banalitätenstroms sank. Doch plötzlich wird sie wieder aktuell und erfährt einen neuen Sinn. Die Menschen, wir, zerstören die Natur und setzen eine potenziell katastrophale Entwicklung in Gang, durch unser bloßes Alltagsverhalten, durch die Art, wie wir produzieren und konsumieren, durch den Verbrauch metallischer und organischer Ressourcen, durch den fossilen Stoffdurchsatz, den wir brauchen, um leidlich glücklich und stabil zu sein. Erst diese Umstände bringen den aus der zweiten Frauenbewegung der 70er-Jahre stammenden Satz zurück. Für die Klimakrise gilt: Das Politische ist geradezu intim.

Weil der Alltag ganz und gar davon durchzogen ist, Material und Energie zu verbrauchen, wird der einzelne Mensch heute unfreiwillig politisiert. Sein Leben ist durchsetzt mit Tausenden Wertentscheidungen, man könnte auch sagen: davon verdorben. Wie um alles in der Welt halten die Menschen in den reichsten Ländern, wo der persönliche CO_2-Fußabdruck im Schnitt am größten ist, das aus? Wie steuern sie ihr Leben so, dass sie es trotzdem als einigermaßen gut und richtig empfinden? Was machen die Leute, was machen wir damit, dass der Spaß oft mit potenziell drastischen Nebenfolgen verbunden ist? Was machen wir mit den Dilemmata, die sich aus dem Vergleich zwischen Äpfeln und Birnen ergeben: Plastik- oder Papiertüte? Das eine ist besser für die Abfallbilanz, das andere für die Energiebilanz. PET-Flasche oder Glasflasche? Da gilt dasselbe. Und darf man als Veganer dann wenigstens mal nach Mallorca fliegen? Woher kommt das Fleisch, das ich vor mir auf dem Teller habe, wie viel Wasser wurde dafür verbraucht? Und wie viel für meine Avocado? Und überhaupt, was bringt es, wenn der Einzelne sich durchökologisiert, wenn die Politik die Dinge schleifen lässt? Der Ökologische ist dann der Dumme. Um dies schon einmal vorwegzunehmen: Die Einzelnen sind damit völlig überfordert. Jeder Versuch, ressourcenverantwortlich und klimapolitisch glimpflich durch den Tag zu kommen, ist unter den gegebenen Bedingungen buchstäblich heillos. Ohne eine durchgreifende, übergeordnete Klimapolitik ist der Einzelne zu etwas verurteilt, was er nicht bewältigen kann: zu privatem Heroismus.

Außerdem geht es um weit mehr als nur um Mobilität und Konsum, es geht um das Lebensgefühl. Denn was macht es wohl mit den Menschen auf Dauer, wenn das schöne Wetter mutmaßlich zugleich das schlimme Wetter ist? Das Reden über das Wetter stand einst emblematisch für die harmloseste denkbare Unterhaltung, heute muss man sagen: dann lieber über Politik oder über Religion reden.

Dass man insbesondere in den reichen Ländern auf dem besten Weg ist, die Erde in eine tiefe ökologische Krise zu führen, ist einer breiteren Öffentlichkeit seit mindestens drei Jahrzehnten bekannt. Seither ist vieles geschehen, auch viel Gutes, das Umweltbewusstsein hat enorm zugenommen, grüne Tonne, grüne Lunge, grüne Partei, grüne Energie – nur eben der Natur geht es unter dem Strich immer schlechter.

Im Nachhinein lässt sich der Wandel des ökologischen Problems leicht erkennen. In den 60er- und 70er-Jahren waren die Umweltprobleme vor allem lokal und akut: saurer Regen in Industrieregionen, Chemieunfälle in Fabriken, Seuchen durch falsche Tierhaltung. In den 80er- und 90er-Jahren trat dann ein ökologisches Phänomen von ganz anderer Art in den Vordergrund, der damals sogenannte Treibhauseffekt. Die mögliche und immer wahrscheinlichere Erwärmung der Erdatmosphäre fand nicht lokal statt, sondern global, doch zum Ausgleich war sie wenigstens nicht akut. Man glaubte, noch etwa drei Jahrzehnte Zeit zu haben, bis ernsthaftere Rückwirkungen der fossilen Lebensweise auf den Menschen eintreten würden.

Von Jahr zu Jahr wusste man genauer, wie ernst es war. Wie Nathaniel Rich in seinem erschütternden Buch »Losing Earth« nachweist, war sich die US-Regierung schon seit 1979 der Gefahr bewusst. US-Präsident Jimmy Carter ließ eine Solar-Anlage auf das Dach des Weißen Hauses bauen. Zu ernsthafteren Maßnahmen kam es gleichwohl nicht. Eines der ersten populären Bücher zum Klimawandel erschien 1989, der Autor hieß Bill McKibben, sein Buch wurde zum Bestseller. Das Kyoto-Protokoll, das erste halbwegs verbindliche zwischenstaatliche Klimaabkommen, wurde 1997 unterschrieben. Ein Oscar und ein Friedensnobelpreis für Al Gore im Jahr 2007 machten den Klimawandel endgültig zu einem gesellschaftlich anerkannten Problem, und Leonardo DiCaprio wurde schließlich zum nahezu hauptberuflichen Klimaaktivisten. Doch, und das ist die kalte Wahrheit: In diesen letzten 30 bis 40 Jahren der ständig wachsenden Bewusstwerdung haben die Menschen mehr Emissionen verursacht als in der gesamten Menschheitsgeschichte zuvor, als sie noch nicht wussten, was sie taten. Das wirft nicht zuletzt einen beunruhigenden Zweifel am Wert der Aufklärung auf. Irgendetwas scheint zwischen Wissen und Handeln im Weg zu stehen, etwas, das stärker ist als jede Einsicht. Und man darf angesichts der Größe des Klimaproblems, seines Tragödienformats annehmen, dass in dieser Kluft mehr wohnt als nur die ganz gewöhnliche menschliche Nachlässigkeit, sondern das seelische Betriebsgeheimnis dieser Gesellschaft, so etwas wie unsere Zentralneurose. Es ist eines der größten Rätsel unserer Tage.

Nun jedenfalls sind die drei Jahrzehnte um, die man in den 80er-Jahren zu haben glaubte. Die Klimakrise ist in der Gegenwart angekommen. In den USA gab es in den vergangenen Jahren gleich mehrere Jahrtausendstürme, ja, sogar einen sogenannten »Jahrmillionen-Regenguss« in Texas. Das polare Eis verliert seinen Ewigkeitsstatus und geht noch deutlich schneller dahin, als es von den meisten Klimaforschern erwartet worden war. Unübersehbar verschärft die Klimakrise auch alle anderen ökologischen Probleme wie das Artensterben und die Verbreitung von Seuchen. Sie schafft unfruchtbare, unbewohnbare Regionen und maritime Todeszonen, wo vorher lebensvolle Korallenriffe waren, die Klimakrise beeinflusst kurzum alles Leben auf dem Planeten. Weil die Menschen in etwa so weitermachen wie bisher, weil sich nichts geändert hat, ändert sich nun alles.

Infolgedessen ist die ökologische Krise heute nicht mehr nur lokal und akut oder global und zukünftig, sie ist vielmehr alles zugleich: lokal, global und akut. Fast unser gesamtes Tun, beinahe jede und jeder tragen zum Klimawandel bei, und so gut wie alle sind von den Folgen betroffen. Zurzeit bewegt sich die Menschheit mit ihrem fossil befeuerten Leben keineswegs auf die berühmten 1,5 oder zwei Grad Erwärmung zu, die als gerade noch verträglich erachtet werden. Nein, wenn es in etwa so weitergeht wie bisher, dann landen wir im Jahr 2300 bei sechs Grad. Das würde dann nicht bloß eine unwirtlichere, bedrohlichere oder irgendwie schwierigere Welt. Sechs Grad, das bedeutete eine sich exponentiell entwickelnde, heute schon beginnende Katastrophe. Wie gehen wir mit diesen Aussichten um, gehen wir überhaupt mit ihnen um?

Jeder Mensch versteht und empfindet das Leben ein bisschen anders. Und doch ist nicht alles nur subjektive Wahrnehmung. Es gibt auch Tatsachen, und manchmal nehmen diese Tatsachen eine solche Größe und Wirkmächtigkeit an, dass sie die Geschichte der Völker und das Leben einzelner Menschen zutiefst prägen.

Es war schon lange klar, dass das Wachstum der Bevölkerung, vor allem aber das Wachstum der materiellen Bedürfnisse und das auf ständige Ausdehnung zielende Wirtschaftssystem von der Erde selbst begrenzt werden würden. Unklar war nur, wann dieser Effekt mit voller Wucht eintreten würde und ob sich das materielle Wachstum eher an den begrenzten Ressourcen oder an der begrenzten Aufnahmefähigkeit der Natur für die Ausscheidungen der ungeheuren Steigerungsmaschinerie stoßen würde. Nun aber herrscht Klarheit: Der Zeitpunkt der Grenzüberschreitung ist jetzt. Genau zu unseren Lebzeiten stößt die Menschheit an dieses Limit – und es sind eher zu viel Emissionen, als dass die Quellen des Reichtums versiegten. Auch nicht sicher war, welches der drei großen Gemeinschaftsgüter – Erde, Wasser oder Luft – zuerst seine Aufnahmefähigkeit erschöpfen würde. Und auch wenn die Gewässer heute durch Gifte und Dünger ähnlich stark belastet sind wie die Böden durch Insektizide und Pestizide, so ist doch offenkundig und wissenschaftlich bewiesen, dass es die Luft ist, deren Duldungsfähigkeit endgültig überstrapaziert wird. Die Atmosphäre vermag nicht noch mehr zusätzliche menschengemachte Gase aufzunehmen, ohne sich selbst so stark und so schnell zu verändern, dass sie zum geschichtsmächtigen Faktor für den Menschen wird und ihm das Leben im besten Fall, nun ja, massiv erschwert.

Was nun kommt, sind nur Zahlen, aber es sind die Schicksalszahlen unserer Zeit, sie stehen am Anfang aller Debatten über das Klima, auch wenn damit ihr Ausgang keineswegs vorherbestimmt ist.

Der Kohlendioxid-Anteil in der Atmosphäre ist von Beginn der Industrialisierung bis Ende 2018 von 280 auf über 409 parts per million gestiegen. Aufgrund von Analysen geologischer Ablagerungen schätzen Wissenschaftler, dass es eine solch hohe CO_2-Konzentration wie heute zuletzt vor drei bis fünf Millionen Jahren gegeben hat. Damals war es vermutlich zwei bis drei Grad wärmer. Das Eis in Grönland und der Westantarktis war seinerzeit weitgehend geschmolzen, und der Meeresspiegel lag zehn bis 20 Meter höher.

Weltweit hat sich die Erde laut US-Wetterbehörde (NOAA) von 1881 bis 2015 um durchschnittlich ein Grad Celsius erwärmt, in Deutschland sogar um 1,4 Grad. Die Zahl extremer Wetterereignisse hat sich hierzulande in den vergangenen 50 Jahren mehr als verdoppelt. Bis Ende des 21. Jahrhunderts könnten sich laut Bundesumweltministerium auch die jährlichen Schäden durch Überschwemmungen und Hochwasser in Deutschland im Vergleich zum Zeitraum 1961 bis 2000 verdoppeln bis verdreifachen. Die 20 wärmsten Jahre lagen in den vergangenen 22 Jahren.

Wohin das alles führt, hängt von der künftigen Klimapolitik ab. Laut Climate Action Tracker vom April 2019 sieht es zurzeit folgendermaßen aus: Ohne jede Klimapolitik steigt die Temperatur bis 2100 um 4,1 bis 4,8 Grad, mit der jetzigen Politik um 3,1 bis 3,5 Grad. Setzen die Staaten alle bisher gemeinsam beschlossenen Klimaziele um, erwärmt sich die Erdatmosphäre immer noch um 2,7 bis 3,0 Grad. Mit anderen Worten: Auch beim vereinbarten *best case* gerät die Menschheit im Verlaufe dieses Jahrhunderts wahrscheinlich in ein Desaster.

Während sich also im Himmel ein Unglück anbahnt, vollzieht sich auf Erden ein Wunder. Für die globale Herausforderung wurde nach vielen vergeblichen Anläufen von einer Gemeinschaft der Staaten eine leidliche Antwort gefunden: das Pariser Klimaabkommen. 196 Länder haben im Herbst 2016 die Klimarahmenkonvention der Vereinten Nationen unterzeichnet. Darin hat sich die Weltgemeinschaft verpflichtet, bis Ende des Jahrhunderts die Erwärmung deutlich unter zwei Grad und möglichst unter 1,5 Grad im Vergleich zum vorindustriellen Niveau zu halten. Als Beitrag zum Abkommen haben sich die EU-Mitgliedstaaten verpflichtet, bis 2030 gemeinsam die Treibhausgasemissionen um mindestens 40 Prozent verglichen mit 1990 zu reduzieren. Bis 2050 soll der EU-weite Treibhausgasausstoß um 80 bis 95 Prozent gegenüber 1990 verringert werden – also auf beinahe null.

Deutschland hat daraufhin im Klimaschutzplan 2050 seine Ziele klar definiert. Bis Mitte des Jahrhunderts soll das Land weitgehend treibhausgasneutral werden. Der Anteil der erneuerbaren Energien am Endenergie- verbrauch soll auf 60 Prozent steigen und der Primär- energieverbrauch um 50 Prozent gegenüber 2008 sinken.

So weit die Versprechungen, was ist der Stand der Dinge?

Nur 16 der 197 Länder, die das Pariser Abkommen un- terzeichnet haben, haben überhaupt einen nationalen Klimaaktionsplan definiert, um die Zusagen zu erfüllen. Dies geht aus einer Studie hervor, die im Vorfeld der UN-Klimakonferenz COP24 im polnischen Kattowitz im November 2018 veröffentlicht wurde. Diese 16 Länder sind: Algerien, Äthiopien, Costa Rica, Guatemala, Indonesien, Japan, Kanada, Nord-Mazedonien, Malaysia, Montenegro, Norwegen, Papua-Neuguinea, Peru, Samoa, Singapur und Tonga.

Deutschland verfehlt laut Klimaschutzbericht 2018 seine Ziele für das Jahr 2020 deutlich. Statt der angestrebten 40 Prozent weniger Treibhausgase als 1990 beträgt die Ver- ringerung der Emissionen in Deutschland demnach ledig- lich etwa 32 Prozent. Auch die Ziele für 2030 sind schon fast nicht mehr zu erreichen, gewiss nicht mit der Art von Klimapolitik, zu der sich die amtierende schwarz-rote Koalition bereitfindet.

Man darf die Größe der politischen Leistung von Paris gleichwohl nicht unterschätzen. Pathetisch gesprochen: So viel Menschheit war noch nie. Unglücklicherweise steht die Natur nun nicht etwa stauend daneben und beklatscht dieses komische Ding namens Mensch, das sich da in ihr gebildet hat. Die Atmosphäre erwärmt sich, und zwar immer stärker, denn während die Menschen noch verhandeln und reden, emittieren sie weiter, und zwar mehr.

Und so tun sich zwei Klüfte auf, man könnte sie auch Abgründe nennen: der eine Abgrund zwischen dem, was das Pariser Abkommen sich vornimmt, und dem, was es sich trotz der lobenswerten Ergebnisse hätte vornehmen sollen. Der andere – der größere und entscheidende – ist der zwischen Reden und Handeln. In ihm könnte die Welt, wie wir sie kannten, könnte jenes gewohnte Klima verschwinden, das unter dem Strich bisher ja recht freundlich zu den Menschen war.

Die Entfaltung des Klimaproblems zu seiner vollen Größe binnen dreier Jahrzehnte bedeutet auch kulturell sehr viel: Das stets wachsende Umweltbewusstsein entwickelt sich nämlich parallel zur wachsenden Umweltzerstörung, das Wissen um die Krise eskortiert die Krise, die sich derweil nicht etwa abmildert, sondern verschärft. Man könnte es auch ökologische Schizophrenie nennen oder performativen Selbstwiderspruch. Darum müssen wir uns die westlichen Gesellschaften unter dem Gesichtspunkt ansehen, welche Kulturtechniken sie entwickelt haben, um diesen dramatischen Widerspruch auszuhalten: Wie sind Politik, Wirtschaft und Öffentlichkeit, wie sind die Gespräche zwischen den Menschen, wie sind ihre inneren Monologe beschaffen, um mit dieser wissenden Ignoranz, mit diesem tatenarmen Tun zurechtzukommen?

Wie wird man, mit anderen Worten, eine zugleich massiv verbrauchende und verdrängende Gesellschaft?

Im Jahr 2014 veröffentlichten die Historiker Naomi Oreskes und Erik M. Conway in den USA ein erfolgreiches Büchlein mit dem Titel »The Collapse of the Western Civilisation«. Darin machen die beiden ein aufschlussreiches fiktives Experiment: Aus dem Jahr 2300 heraus, also nach einer gedachten Klimakatastrophe, die unsere westliche Kultur buchstäblich hinweggefegt hat, erforschen sie anhand von historischen Funden und Schriftstücken das Warum. Wie konnte es passieren, dass demokratische, offene Gesellschaften in voller Kenntnis der Lage und in Besitz unzähliger Mittel, die sich abzeichnende Katastrophe aufzuhalten, dennoch in ihren Untergang gingen?

Erstaunlich dabei: Sogar ein Buch über die Verblendung einer Gesellschaft kann es zum Bestseller bringen – und doch wieder nicht so verwunderlich, weil die Kulturtechnik des wissenden Ignorierens heute dermaßen kunstvoll ausgebildet ist, dass auch noch ein paar Bücher über das kunstvolle Ignorieren davon absorbiert werden können. Bei aller Kunst aber ist wissende Ignoranz ständig in der Gefahr, die Balance zu verlieren. Entweder es wird aus ihr aggressives Leugnen – oder Depression. In jedem Fall kostet dieser wacklige, hochartifizielle Zwischenzustand eine Gesellschaft ungeheuer viel Energie, psychische, diskursive und politische. Das ist der Ökostress.

Dabei käme es darauf an, das mit immer mehr Aufwand notdürftig Verdrängte mit breiter Brust anzugehen, die versteckten Tabus des Klimadiskurses zu brechen, die Separierung in lauter mit Verzweiflung und Vergeblichkeit ringende Einzelpersonen und konkurrierende Milieus, die alle irgendwie versuchen, mit den Widersprüchen der ökologischen Krise klarzukommen, zu überwinden. Die Fleischesser schreien die Veganer an, wenn sie fliegen, die Veganer die Fleischesser, die Autofahrer die Radfahrer, weil sie im Weg sind und ihr Fahrrad womöglich teurer ist als der alte Diesel, mit dem man durch die Stadt fährt, weil man beruflich vom Land hineinpendelt, weil die Mietpreise so hoch sind, dass nur die Hipster-Radler sie bezahlen können. Und so weiter und so fort. Und doch bieten diese hitzigen Debatten, die Feindseligkeiten, die Trauer und die Wut auch einen Ansatz, um das ganze Thema neu anzugehen, gerade weil sie so anstrengend sind.

Die Energie, die nötig ist, um das Problem zu verdrängen, scheint mittlerweile größer zu sein als der energetische Aufwand, die Dinge endlich in der Größe anzugehen, die sie haben.

Dieses Buch untersucht, warum wider die bessere Einsicht gehandelt wird, welche politischen, wirtschaftlichen, seelischen und nicht zuletzt ideologischen Mächte uns davon abhalten, das zu tun, was auf der Hand liegt. Die Kathedrale der Leugnung, das aufwendige und fragile Gehäuse unseres Ignorierens und Portionierens, muss beschrieben werden, um sie verlassen zu können. Der herrschenden Politik versucht dieses Buch auf den Grund zu gehen, um einen anderen politischen Weg freizulegen. Nicht zuletzt ist es eine Kampfschrift gegen die quälenden inneren Monologe des Gewissens und gegen die aufkeimende Verzweiflung, auch die eigene, ein Versuch, sich zu befreien und ins Offene zu gehen. Seit Jahren spüre ich, wie irgendein Abwehrmechanismus in mir die Dinge mundgerecht schneidet, wie ich Artensterben und Klimawandel so wenig zusammendenken mag wie mein marodierendes Irgendwas-Kaufbedürfnis und die Lage der Natur im Kongo. Und ich spüre, wie ich schlucken muss, um aufkommende Resignation zu besiegen und die Grenze vom Sarkasmus zum Zynismus nicht zu überschreiten. Zunehmend zornig macht mich auch die Feigheit der Politik vor den kurzfristigen und kurzsichtigen Profitinteressen einiger Industrien oder dass auch da immer wieder mit vielen Steuermilliarden Technologien aufwendig gefördert werden, wo eine Verordnung durchaus genügen würde und man auf diese Weise die Kosten der Innovation dort platzieren würde, wo am Ende auch die Gewinne landen werden. Oft macht die Industrie doppelte Gewinne: erst durch ihre Versäumnisse, indem sie Geld für Erneuerung einspart – dann durch staatlich subventionierte Innovation. Schließlich ist da bei mir die vielleicht sogar kitschige Sehnsucht, in einer Gesellschaft zu leben, die mehr oder weniger gemeinsam angeht, was mich allein überfordert, die ressourcenschonender wird, nein eigentlich: überhaupt schonender.

Um das Vermessene an diesem Projekt von vornherein beim Namen zu nennen: Ich möchte den Blickwinkel auf unsere Gesellschaft und unsere Epoche verändern, einen ökologischen Paradigmenwechsel unternehmen.

2. Rebellion der Wirklichkeit – warum das Klima den deutschen Konsens sprengt

Wohl in keinem anderen Land ist es – bis vor Kurzem – gelungen, einen derart breiten und zugleich flachen ökologischen Konsens herzustellen wie im Deutschland der Ära Merkel. Hochherzig und handlungsschwach, ganz nach dem Verdrängungsmuster der deutschen Romantik, waren irgendwie alle für das Klima, das allgemeine Ökoselbstbewusstsein aber brachte die real existierende Ökologie, also das Wissen über das Artensterben und den Flächenverbrauch, die verfehlten Klimaziele und die stets wachsende Autoflut für lange Zeit weitgehend zum Verschwinden. Die nun 14 Jahre dauernde Kanzlerschaft von Angela Merkel wurde als Phase grüner Hegemonie empfunden, obwohl die Grünen in dieser Zeit keine Sekunde lang an der Bundesregierung mitwirkten. Das passte eigentlich ganz gut: Die geistige Hegemonie lag bei einer Oppositionspartei, während beredte Tatenlosigkeit die Regierungsgeschäfte führte. Der Umweltjournalist Peter Unfried spottete dazu kürzlich im »Kursbuch«: »Es ist wie ein Gebet, das aufzusagen die eigentliche Sache erledigt. Wir tun viel zu wenig, weil wir alle davon ausgehen, dass wir wahnsinnig viel tun und es in Deutschland womöglich sogar mal wieder übertreiben.« Einem Leserbrief-Schreiber der *ZEIT* entfuhr als Reaktion auf einen meiner Artikel folgender Stoßseufzer: »Ist es nicht mal genug? Haben wir nicht schon enorm viel für unsere Umwelt getan?« So als ob die Umwelt ein verwöhntes Kind wäre, das nicht genug Süßigkeiten bekommen kann.

Zum Eindruck, da werde etwas übertrieben, trug im Übrigen nicht zuletzt die Kanzlerin selbst bei, beispielsweise mit ihrer unangekündigten und überhasteten Energiepolitik. Unter ihrer Führung nahm die schwarz-gelbe Regierung (2009 bis 2013) die durchaus moderate und auf lange Sicht angelegte rot-grüne Energiewende zurück, nur um sie zwei Jahre später aus einem eher willkürlichen Anlass, dem Atomunfall in Fukushima, mit erhöhtem Tempo und erheblichen Zusatzkosten wieder aufzunehmen. Dadurch entstand unweigerlich der Eindruck, durchgreifende Klimapolitik müsse disruptiv sein.

Irgendwann jedoch zwischen 2015 und 2019 löste sich der milchige Konsens der Ära Merkel auf. Den Anfang vom Ende markierte wohl der Dieselskandal, der im Jahr 2015 begann und bis heute weder von der Autoindustrie noch von der Großen Koalition bewältigt werden konnte. Dass deutsche Autobauer die Abgaswerte ihrer Fahrzeuge manipuliert hatten, enthüllte eine der Lebenslügen deutscher Umweltgemütlichkeit. Dass sich die Kanzlerin in Brüssel bei den Regularien zum Ausstoß von Kohlendioxid und Stickoxiden stets erfolgreich für Grenzwerte eingesetzt hatte, die der deutschen Autoindustrie nicht allzu viel abverlangen sollten, genügte unterm Strich dann doch nicht. Um den Ausstoß von Kohlendioxid bei ihren Autoflotten zu verringern, setzten die Konzerne auf den verbrauchsärmeren Dieselmotor. Doch um wiederum den von seinen höheren Stickoxid-Belastungen zu befreien, musste gefälscht werden. Der Widerspruch zwischen den Erfordernissen der Umwelt und den PS-Bedürfnissen der Hersteller und Verbraucher war schlussendlich nur durch Software-Manipulation zu überbrücken.

Übrigens gehört die Fälschung selbstverständlich auch zu den Kulturtechniken der Verdrängung, ebenso wie fehlende Kontrollen und unterbliebene wissenschaftliche Erhebungen. Wer sich ein wenig mit dem Zustand der Natur im angeblich so kontrollseligen und peniblen Deutschland beschäftigt, ist erstaunt, wie wenig man wirklich weiß über den Bestand der Vögel oder der Insekten, über die Zustände in den Ställen. Nur, was macht all das auf Dauer mit den Menschen? Beruhigen wird es sie nicht, eher verbreitet sich ein allgemein mulmiges Gefühl. Wissen zu vergrößern fordert eben den Verstand, Ahnen legt sich auf das Gemüt.

Im deutschen Dreieck aus flachem Klimakonsens, ambitionsloser Regierungspolitik sowie kaum mehr zu verdrängenden Umweltproblemen und Klimanachrichten entwickelte sich in den vergangenen zehn Jahren eine Art ökologisches Biedermeier. Verständlicherweise versuchen immer mehr Menschen, die Kluft zwischen der schwachen Politik und den sich verschärfenden Problemen individuell zu schließen, indem sie ihre Lebensweise ändern, genauer, indem sie zumeist willkürlich, erratisch und leicht verzweifelt ökologische Produkte kaufen oder auf irgendetwas verzichten, etwa auf Plastiktüten oder auf einen von drei Jahresurlauben im fernen Süden. Doch führt die Privatisierung eines so großen Problems wie des Klimawandels ohne adäquaten politischen Rahmen zwangsläufig dazu, dass Ökologie zu einer Stilfrage wird, dass es beim umweltbewussten Konsum irgendwann mehr um ästhetische Fragen geht als um die physische Effizienz, mehr um den moralischen Eindruck, den man bei Nachbarn und Freunden hinterlässt, als um die materielle Wirkung auf die Natur oder die Atmosphäre. Gewiss, politische Anreize und staatliche Regulierung laufen ins Leere, wenn niemand seinen Lebensstil ändert. Aber umgekehrt ist es eben noch schlimmer: Rein private Ökologie ohne begleitende, verstärkende und ordnende Politik führt zu Philistertum und grüner Spießbürgerei – erbitterte Zankereien an den Milieugrenzen inklusive. Auch das ist eine Hinterlassenschaft der späten Ära Merkel. So gesehen kann man nur froh sein, dass dieser regressive Konsens allmählich zerbricht.

Allein der Dieselskandal, der eigentlich ein PS-Skandal war, konnte den deutschen Konsens – alle sind irgendwie fürs Klima, solange nur nicht zu viel geschieht – allerdings noch nicht zerstören. Dafür ist die Lager übergreifende Loyalität zur deutschen Vorzeigeindustrie einfach zu stark. Doch dann passierte etwas, das mit dem Klima zunächst wenig zu tun hat: 27 Jahre lang hatten Forscher in 63 deutschen Naturschutzgebieten die Entwicklung des Insektenbestandes beobachtet. Im Oktober 2017 veröffentlichten sie ihre Daten. 75 Prozent der Biomasse an Insekten ist demnach verloren gegangen. Dieser wissenschaftlich gesehen übrigens eher wackelige Befund traf auf die Intuition vieler Garten- und Balkonbesitzer, die sich in ihrer Sorge bestätigt fühlten, denn vielerorts blieben die Vögel aus, nun wusste man auch, warum. Dass es sich beim Insektensterben nicht um ein Klimaproblem im engeren Sinne handelte, gab der Sache noch eine zusätzliche Brisanz, sozusagen eine neue Note. Schließlich war die Klimadebatte schon seit Längerem in konsensbedingter Sterilität und in klimakonferenzieller Routine erstarrt, nun meldete sich die Restnatur zurück.

Und dann kam der Sommer 2018. Er brachte ungewöhnliche Hitze, im Norden brannten schwedische Wälder, im Süden griechische, 70 Tote, 160 Verletzte. Und als plötzlich die kalifornische Villa von Thomas Gottschalk niederbrannte, da hatte die Klimaerhitzung endgültig das Bewusstsein der deutschen Mehrheitsgesellschaft erreicht. Im Ernst: In jenem Sommer landete die Zukunft mit Karacho direkt in der Gegenwart. Und im Hambacher Forst, der für die weitere Förderung der Braunkohle abgeholzt werden sollte, wehrten sich 50 000 vor allem junge Menschen dagegen, dass ihre Zukunft mit besonders schmutziger Kohle beheizt werden soll. Schon da blitzte auf, dass die herrschende Klimapolitik einen Teil der Menschen mit ein paar Jahrzehnten mehr Zukunft verlieren könnte. Die Rekordhitze stürzte mit ihrer extremen Trockenheit auch die Bauern und die Forstwirte in größte Nöte, eine öffentliche Debatte brach los, ob es richtig sein könne, solchen Bauern aus Steuermitteln Ausgleichzahlungen zukommen zu lassen, die mit ihrer industriellen Landwirtschaft selber zur Erwärmung der Atmosphäre massiv beitragen – auch dies ein Vorschein darauf, dass die Klimakonflikte in ihrer Vehemenz demnächst den guten alten Klassenkämpfen Konkurrenz machen könnten. Darüber hinaus brachte dieser schöne, fatale Sommer wegen der ausgetrockneten Flüsse sogar die Industrieproduktion hier und da zum Erliegen, weil die Binnenschiffe keine Materialien mehr liefern konnten. Bis in den Oktober hinein wollte dieser Sommer partout nicht enden, er legte seine heiße Hand auf die Landschaft, auf die Tiere und die Menschen.

Es war wie eine Rebellion der Wirklichkeit gegen die Verdrängung, gegen die strategische Lauheit der Politik. Und diese Wirklichkeit zeigte eindrücklich: Klimaerhitzung ist weder später noch woanders, noch beschränkt sich die Wirkung auf den Anstieg des Meeresspiegels. Klima ist hier und jetzt, und es ist umfassend.

Es hat also begonnen – dieses Gefühl verbreitete sich für den Moment. Darum könnte der Sommer 2018 einmal als Einschnitt in die Geschichte zwischen Mensch und Natur eingehen.

Oder zumindest zwischen den Deutschen und der Natur. Sämtliche Defizite der deutschen Klimapolitik traten nun schärfer als je hervor. An den notwendigen Reduktionszielen für 2020 war bereits die Bildung einer Jamaika-Koalition gescheitert, die Große Koalition hat sie dann von Beginn an aufgegeben. Nichts wies am Ende des Jahres 2018 darauf hin, dass es mit Blick auf 2030 besser werden würde. Immerhin hatte sich die Große Koalition vorgenommen, im Jahr 2019 einen neuen Rahmen für die Energie-, die Verkehrs- und die Agrarwende zu setzen. Mit der Folge, dass nun eine politische Fehlkalkulation historischen Ausmaßes aufflog. Die Regierung Merkel hatte nämlich 2015 in Paris einem Abkommen zugestimmt, das eine mittlere Revolution des Konsums, des Arbeitens, der Mobilität und der Ernährung bedeuten würde – wenn man sich denn an seine Versprechen auch nur annähernd zu halten gedachte. Von diesen Zielen und den daraus resultierenden Konsequenzen jedoch hat die Regierung der Bevölkerung nichts gesagt, geschweige denn, dass sie die Menschen aktiv darauf vorbereitet hätte.

Tatsächlich hat Angela Merkel in ihrer Amtszeit einige grundlegende Veränderungen durchgesetzt, wenn auch keine, die in ihrer Bedeutung einer Klimawende nahekämen. Aber vor allem: ohne jede politische Vorbereitung. Die Kanzlerin hat weder ihren Ausstieg aus der Atomkraft noch aus der Wehrpflicht, noch ihren Politikwechsel in der Flüchtlingspolitik jemals angekündigt. Tiefe Einschnitte vermochte sie ausschließlich mit der Kraft krisenhafter

Zuspitzungen durchzusetzen. Und genau das ist bei der Klimakrise unmöglich, denn es gilt die Faustregel: Wenn es sich zuspitzt, ist es bereits zu spät. Wenn die Malediven untergehen, kann Hamburg sich womöglich auf sein letztes Jahrhundert vorbereiten. Die ansonsten als grundvernünftig geltende Angela Merkel hat einen Sprung in der menschlichen Entwicklung ignoriert, den Peter Sloterdijk einmal so formulierte:»Während bisher für einen Großteil des menschlichen Lernens galt, dass man allein aus Schaden klug wird, muss die prognostische Intelligenz klug werden, bevor der Schaden eingetreten ist.« Vernünftig ist nicht mehr, nach der Krise richtig zu handeln, sondern davor, das heißt, aus dem noch amtierenden Alltag heraus so zu agieren, dass eine spätere Katastrophe verhindert werden kann. Diese Art von Ratio kann sich nicht allein auf die Empirie verlassen, sie braucht auch Fantasie, und sie muss sich auf Prognosen stützen, die nie ganz sicher sein können, sie verlangt nach vorausgreifender Tatkraft, nicht bloß nach Reaktionskraft.

Es handelt sich bei all dem allerdings um mehr als nur einen zufälligen, sozusagen persönlichen Widerspruch zwischen der Methode Merkel und der Natur klimapolitischer Herausforderungen. Die Kanzlerin verkörpert hier vielmehr eine echte Systemkrise, eine vorläufige Unverträglichkeit zwischen dem System Bundesrepublik und der radikalen Herausforderung durch die Klimakrise.

Die Erfordernisse der wirklichen Welt, der Moleküle, der Meere und der Wälder, lassen sich im Grunde ganz einfach beschreiben: Um zu verhindern, dass sich die Erdatmosphäre stetig weiter erwärmt und die Temperatur bis zum Ende des Jahrhunderts um weit mehr als zwei Grad ansteigt, müssen die Staaten, die historisch das meiste Kohlendioxid emittiert haben und pro Kopf der Bevölkerung immer noch emittieren, den völligen Abschied von der fossilen Lebens- und Wirtschaftsweise binnen dreier Jahrzehnte beschließen. Mit anderen Worten: Deutschland wird – wie andere Länder auch – in sehr kurzer Zeit eine infrastrukturelle, kulturelle, geistige und technische Revolution durchführen müssen, die größte und tiefste seit dem Zweiten Weltkrieg. Diese regenerative, ressourcenschonende Revolution kann durchaus konstruktiv sein, geplant, gewollt, vielleicht sogar sanft, jedenfalls im Ergebnis. Und doch bedeutet es innerhalb kurzer Zeit: weniger Öl, weniger Gas, keine Kohle, weniger Dünger. Oder auf den Alltag der Menschen gemünzt: weniger Fleisch, weniger Fliegen, weniger Automobilität, weniger kaufen. Höchstwahrscheinlich würde es in vielen Bereichen auch ein Mehr geben, aber nur, wenn es gut läuft und das Weniger sehr bald ernstlich beginnt.

Selbstverständlich ist dieser Weg nicht alternativlos, im Gegenteil, ein anderer ist möglich, wenn nicht gar wahrscheinlich: Deutschland und die übrigen Industrieländer kommen ihren Verpflichtungen nicht nach, wodurch sich auch andere, weniger wohlhabende Staaten frei fühlen, gegen die Vorgaben von Paris zu verstoßen. Dann würde sich die Atmosphäre viel rascher erhitzen, um drei, vier oder fünf Grad. Die Welt, in der sich die Menschheit dann gezwungen sähe zu leben, wäre eine andere, eine schlechtere, eine brutalere. Die psychologischen, politischen und wirtschaftlichen Folgen eines solchen Temperaturanstiegs wären unabsehbar. Sicher ist aber eines: Auch in diesem Fall bliebe eine Revolution nicht aus. Deutschland würde nicht in den Fluten versinken wie viele pazifische Inseln oder Teile von Florida. Dennoch würde ein Temperaturanstieg in dieser Größenordnung ein anderes Land erschaffen, ein schlechteres: mit ständigen Ausgleichszahlungen für »Natur«-Katastrophen, mit nie da gewesenen Trockenzeiten, Fluten und Überschwemmungen. Viele Menschen würden in den immer heißeren Sommern sterben, Fauna und Flora wären nicht mehr wiederzuerkennen. Und dann wäre es auch noch umgeben von hohen Mauern, um all die Flüchtlinge aus den Ländern abzuwehren, in denen es dann zu heiß ist, um zu überleben.

Schließlich wird es auf Kombinationen aus verschärfter Klimaprävention und zunehmender Klimanotstandspolitik hinauslaufen, doch in welcher Mischung, das ist eben entscheidend: je mehr Prävention, desto billiger und besser, auch ziviler – je mehr Notstand, desto teurer und düsterer, auch härter. Design oder Desaster? Doch ob nun so oder so oder so: Deutschland steht vor einem radikalen Wandel, radikaler als das, was man in Friedenszeiten bisher erlebt hat, und radikaler, als es die eingeübte und bewährte Politik der Bundesrepublik zurzeit glaubt bewältigen zu können.

Die im Januar 2018 ins Amt geratene Koalition arbeitet getreulich alle Vereinbarungen ihres Koalitionsvertrages ab, die mit den Bordmitteln der alten Bundesrepublik zu bewältigen sind, während alles liegen bleibt oder zu massiven Konflikten führt, was darüber hinausgeht: Eine Sicherheitsstrategie für Europa und die damit zusammenhängenden Fragen von Rüstungsetat und Waffenexporten sind streitig gestellt. Die Digitalisierung der Bundesrepublik kommt schleppend voran, vor allem aber eben das Megathema Klima mit den anstehenden Veränderungen bei Verkehr, Landwirtschaft, Ernährung und Energie überfordert die Koalition sichtlich. Hinter dem schwarz-roten Streit um Maßnahmen und Methoden, um CO_2-Steuer versus sektorale Klimaziele etwa, steckt in Wirklichkeit die Angst, wenn nicht die Erkenntnis, dass die Sache insgesamt zu groß ist für die Große Koalition. Die Folge ist eine pantomimische Politik: sieht aus wie Regieren, ist aber nur Fuchteln in der Luft. Andere Dinge nimmt sich die Regierung nicht einmal vor, etwa das Artensterben zu beenden und den Flächenverbrauch auf null zu bringen, was höchste Zeit wäre, weil Fläche nun einmal die tückische Eigenschaft hat, endlich zu sein.

Zu Beginn dieses Jahres verschärften sich die aus all dem resultierenden ökologischen Widersprüche. Und auch der Ton wurde unerbittlicher, mitunter hasserfüllt. Argumente gegen die Ökologie und gegen die Dringlichkeit des Klimathemas tauten aus dem Permafrost des merkelschen Umweltkonsenses auf, Argumente, von denen man gedacht hatte, sie seien bereits von Mikroben verdaut worden. Die Aggressivität gegenüber ökologischen Aktivisten nahm in dieser Zeit ebenso zu wie die Aggressivität der Aktivisten selbst, was beides nicht zuletzt mit einer weiteren strategischen Fehlentscheidung der Regierung zu tun hat. Wie erwähnt, hat die Große Koalition beim Klimagipfel in Paris eine mittlere Revolution beschlossen, fortan aber darüber geschwiegen, was es bedeutet, wenn wirklich jeder Lebensbereich, jeder Wirtschaftszweig CO_2-neutral funktionieren muss. Wenn wir also genau auf die Energie verzichten müssen, die uns unseren Reichtum beschert hat. Und zwar im Stall, beim Heizen, beim Essen. Bei der Produktion von Stahl und beim Düngen der Erdbeeren. Beim Transport der T-Shirts aus Bangladesch und dem Fliegen.

Und nun versuchte die Regierung nicht etwa, die versäumte Überzeugungsarbeit nachzuholen. Stattdessen beschimpfte sie die Ökologen und die Grünen, so als hätten diese in Paris am Verhandlungstisch gesessen, so als hätten die Grünen in den vergangenen 14 Jahren das Land mit obrigkeitsstaatlichem Klimarigorismus regiert und so als ob mit Union und SPD jetzt endlich mal wieder Maß und Mitte einziehen müssten. Die weniger aggressiv gestimmten Kräfte der Regierung ergehen sich in Absichtserklärungen, in einem wohltemperierten Man-müsste-Mal. Doch die Zeiten stehen nicht günstig für Konjunktive. Sie stehen im Übrigen auch nicht günstig für ein Parteiensystem, das sich nach wie vor entlang der Fragen von

Verteilung und Gewinn, von Staat und Markt, von konservativ und progressiv sortiert. Es könnte gut sein, dass die Klimafrage dem Links-Rechts-Schema den Rest gibt, das würde einen Teil der aggressiven Stagnation erklären, in dem sich das politische Berlin seit einer Weile befindet.

Die Regierung baut also tatsächlich die Akzeptanz für eine wirksame Klimapolitik eher ab als auf, eine Politik, die sie selbst beschlossen hat und von der sie sich auch nicht ohne große Selbstbeschädigung verabschieden kann – hat es jemals eine merkwürdigere Kommunikationsstrategie gegeben?

Wenn der Kaiser derart nackt ist, schlägt die Stunde der Kinder.

Man kann über Greta Thunberg sagen, was man will, zwei Besonderheiten dieser jungen Schwedin passen jedenfalls perfekt zur Krise der politischen Ökologie westlicher Staaten: Sie hat die Fähigkeit, sich auf das Klimathema in seiner ganzen Tragweite einzulassen, sie sieht schlichtweg und sagt es auch jedem ins Gesicht, dass seit dem ersten weltweiten Klimaabkommen 1997 in Kyoto die CO_2-Emissionen immer weiter gestiegen seien, statt zu sinken. Und sie verfügt über die Gabe, all das zu überhören, was Politik und Öffentlichkeit um dieses physikalische Problem herum an Konferenzen, Beschwichtigungen, Versprechungen und Relativierungen über die Jahrzehnte geschaffen haben. Greta Thunberg ist für die westliche Kulturtechnik der wissenden Ignoranz einfach nicht zu haben, sie schneidet durch alle Schleier des Nichtwissens und des Nicht-wahrhaben-Wollens, sie ignoriert auch das Lob, in das sie wie in Seidenpapier eingewickelt werden soll. Das macht ihre einzigartige Wirkung aus, vor allem deshalb konnte sie Hunderttausende Jugendliche und Kinder dazu motivieren, freitags auf die Straße zu gehen, egal, was die Erwachsenen dazu sagen.

An dieser Stelle muss man sich – auch als Medienmensch – natürlich fragen, was eigentlich mit der deutschen und internationalen Debatte über das Klima los war, dass ein paar klare, einfache Sätze einer 16-Jährigen mehr bewirken als Tausende Artikel zuvor. Offenbar waren diese Artikel ungewollt schon zu einem Teil des allgemeinen Surrens und Murrens geworden, das wenig bewirkte, außer vielleicht das unheimliche Schweigen der Natur zu übertönen. Allerdings sagt Greta Thunberg auch Sätze, die kein etablierter Journalist oder Politiker zu sagen wagt, wie zum Beispiel: »I want you to panic.«

Das ist die Kritik, die aus dem Kinderzimmer kommt.

Die Bewegung #FridaysForFuture erwischte die deutsche Politik auf dem falschen Fuß. Schnell wurde anhand einiger Fehlversuche (Paul Ziemiak: arme Greta, Christian Lindner: Lasst die Profis ran) klar, dass Aggression, Herablassung oder Mitleid keine geeigneten Antworten sein können. Schließlich: Diesmal kam der politische Gegner aus dem Kinderzimmer der eigenen Wohnung. Folglich verlegte man sich auf Vereinnahmung, die Kanzlerin lobte die jungen Leute, nicht ohne sie im selben Atemzug für ihre Ungeduld ein wenig zu tadeln. Und die sozialdemokratische Umweltministerin behauptete in einer Talkshow, die Politik brauche den Druck der jungen Leute. Auch dies eine bemerkenswerte Denkweise: Da sitzt die Macht im Staate und bekennt, für die Durchsetzung der eigenen Politik den Druck von Schule schwänzenden Kindern zu benötigen. Regieren am Limit.

Dass weite Teile der Politik und auch der Medien auf #FridaysForFuture so aufgescheucht reagiert haben, offenbart, wie wenig Gedanken sie sich über die historisch-psychologische Lage der Menschen unter 25 gemacht haben. Denn dieser Generation widerfährt gerade etwas historisch Einzigartiges: Diese Kinder und jungen Erwachsenen wurden hineingeboren in eine westliche Welt, die sich an der Spitze der Geschichte wähnte, in der ökonomisch für die meisten alles besser wurde (so schien es), die auch immer ökologischer wurde (so redete sie es sich ein), die immer liberaler, offener und natürlich weiblicher wurde, eine Welt der freundlichen Lehrer und der netten Eltern – und nun ereilt die Jugendlichen mitten in der Adoleszenz die genau gegenteilige Erkenntnis: Der Westen ruht auf 100 Säulen, und alle 100 Säulen wackeln. Das Klima erwärmt sich und verdunkelt massiv ihre Zukunft. Und die alten Kräfte des Autoritarismus und des Machismo sind keineswegs besiegt. Nur die Eltern bleiben nett, wenngleich langsam erkennbar wird, auf welcher nicht nachhaltigen Basis dieses Nett-Sein beruht. Die jungen und sehr jungen Leute erleben den maximalen Wohlstand der Industriegesellschaften und die beginnende Selbstzerstörung dieses Wohlstandsmodells, sie erfahren, ja verkörpern geradezu den historischen Höhepunkt und den beginnenden Niedergang des Westens – sie sind die *Generation Peak*. Man hat den Eindruck, dass sich hier ein kultureller Generationenkonflikt und – mit Blick auf das Klima – zugleich ein materieller Interessengegensatz aufbauen, der 68 wie einen Kindergeburtstag erscheinen lassen wird. Eines aber, das sage ich als Vater, haben wir offenbar doch ganz gut hingekriegt: Diese Kinder und Jugendlichen haben einfach viel, viel weniger Angst als wir in ihrem Alter, sie fürchten keinen Widerspruch, keine öffentlichen Auftritte, keine Autoritäten. Und sie fürchten eines gewiss nicht: uns.

Also wird in der Politik wie am Küchentisch improvisiert: Herablassung geht nicht, Vereinnahmen funktioniert schlecht – erst der Wirtschaftsminister Peter Altmaier fand dann in einem *Spiegel*-Gespräch mit Luisa Neubauer, einer deutschen Sprecherin von #FridaysForFuture, eine provisorische, man könnte fast sagen ambulante Antwort, die ihm nicht nur gegenüber den jungen Leuten erst einmal aus der Defensive helfen kann.

Um das zu verdeutlichen, ist es allerdings nötig, zunächst einen Blick auf die französischen Gelbwesten und ihre Funktion für die deutsche Debatte zu werfen. In der Phase, als hierzulande der ökologische Konsens der Merkel-Ära zu zerbrechen begann, beging die Regierung von Emmanuel Macron einen folgenschweren Fehler: Durchaus mit Blick auf das Pariser Abkommen kündigte Macron an, mit den Beschlüssen seines Amtsvorgängers fortzufahren, sodass die 2014 als Stufenmodell eingeführte Verbrauchsteuer auf Benzin sich um 3,9 Cent pro Liter und beim Diesel um 7,6 Cent erhöhen würde. Zugleich stieg der Rohölpreis. Viele sogenannte einfache Leute, vor allem aus ländlichen Regionen, gingen daraufhin buchstäblich auf die Barrikaden. Und obwohl die Gelbwesten von Beginn an rabiat und oft gewaltsam vorgingen, fanden sie viel Unterstützung. Dies vor allem, weil die Franzosen außerhalb von Paris schon länger der Meinung waren, dass die Hauptstadt-Elite wenig Rücksicht auf die gewöhnlichen Franzosen in der Provinz nimmt. Diese Skepsis und diese Wut richteten sich auch persönlich gegen Macron und die anderen mächtigen Männer im Elysée-Palast, allesamt Absolventen von Eliteuniversitäten. Und die Leute hatten ganz recht damit: Gegen den Rat des deutschen Grünen und Alt-68er Dany Cohn-Bendit, eines Freundes und Beraters des Präsidenten Macron, entlastete der steuerlich die Vermögenden und schuf auch dann keinen sozialen Ausgleich, als die von François Hollande eingeführte französische CO_2-Steuer griff und die dadurch höheren Spritpreise zwangsläufig vor allem kleinere Einkommen belastete.

In Deutschland wurden die Gelbwesten als Beweis dafür genommen, dass ökologische Maßnahmen, die helfen könnten, die Klimaziele zu erreichen, von »den Menschen« nicht akzeptiert würden. Dies völlig unabhängig davon, dass es mittlerweile durchaus Modelle für

Ökosteuern gibt, die eine soziale Schräglage kompensieren können, indem das eingenommene Geld vollständig als Kopfprämie zurückgezahlt wird, was automatisch die einkommensschwächeren Schichten bevorzugen würde. Dies alles gilt auch ungeachtet der Tatsache, dass es eine elitäre Klasse wie in Paris in dieser Form bei uns nicht gibt und im deutschen Föderalismus die Landbevölkerung weit weniger abgehängt ist als dort.

Im Frühjahr 2019 wurde die Union also nicht müde zu behaupten, sie sei gegen eine CO_2-Steuer, weil dadurch die sozial Schwachen benachteiligt würden. Sie nahm den vorgesehenen sozialen Ausgleich einfach nicht zur Kenntnis. Immerhin: Nie zuvor in der Geschichte der Republik hatte man die Union und auch die FDP so besorgt um die Armen erlebt wie in diesen Tagen des Jahres 2019.

Argumentativ füllte der Hinweis auf die Gelbwesten so eine für die Bundesregierung wichtige Lücke. Zögerlichkeit in der Klimapolitik war bis dahin einfach nur Zögerlichkeit in der Klimapolitik gewesen. Da kamen die Gelbwesten gerade zur rechten Zeit, um die Ökologie zu einem elitären Luxusproblem zu erklären und kurzsichtige Klimapolitik als strategische Weitsicht zu verkaufen. Die Argumentation geht in etwa so: Ökologische Maßnahmen verärgern die Menschen zwangsläufig, und zwar derart, dass ihnen praktisch nichts anderes übrig bleibt, als sich dem Rechtspopulismus zuzuwenden.

Eine ähnliche Funktion bekam unterdessen auch die Debatte über mögliche Fahrverbote für Dieselautos. Ursprünglich ging der ganze Kladderadatsch auf Fehler der Bundesregierung und Machenschaften der Autoindustrie zurück. Im Winter 2018/19 gelang es jedoch vor allem der Union und dem Springer-Verlag, die Dieselfrage zu einer sozialen Frage umzudeuten: abgehobene Städter gegen arme Pendler. Unterschlagen wurde dabei selbstverständlich, dass an den besonders emissionsbelasteten Straßen überwiegend ärmere Menschen wohnen.

Das machte alles nichts, denn der Wunsch der Bundesregierung, aber auch vieler Bundesbürger, mit einem vorzeigbaren Argument von den Klimazwängen entlastet zu werden, war so stark, dass die erste große anti-ökologische Offensive nach Ende des Merkel-Konsenses Geländegewinne verzeichnen konnte.

Erst auf dieser Grundlage wurde dann Peter Altmaiers Neudefinition der Klimakrise überhaupt möglich. Im schon erwähnten Streitgespräch bemerkte der Wirtschaftsminister mit Verweis auf die AfD:»Letztlich geht jeder den Populisten auf den Leim, der meint, man müsse entweder gar nichts für das Klima tun – oder im Hauruckverfahren handeln.« Damit stellte sich der CDU-Politiker dahin, wo seine Partei traditionell auch hingehört, nämlich in die Mitte, diesmal in die zwischen Klimaleugnern und ja was? – Menschen, die verlangen, dass die Regierung ihre klimapolitischen Versprechen einhält. Altmaier führt hier ein neues Kriterium für die Klimapolitik ein: nicht der CO_2-Ausstoß sei maßgeblich, sondern sozusagen der AfD-Wähler-Ausstoß. Eine 14-Prozent-Partei wird zum

Maßstab der Klimapolitik erhoben, noch bevor sie überhaupt richtig angefangen hat, sich selbst in Klimapopulismus zu üben. Eine interessante und politisch zunächst recht ertragreiche Wendung: Wer der Regierung laut das von ihr unterzeichnete Pariser Abkommen vorliest, hat fortan als Radikaler zu gelten und spielt den Rechten in die Hände. Altmaiers Argumentationsfigur ist der bisher am besten funktionierende Dreh, um sich aus den Anforderungen der klimatischen Realität zu winden. Sie ist aber auch der letzte denkbare Versuch, denn nach dem Antifaschismus-Appell kommt in Deutschland nichts mehr. Dann hilft nur noch unverhüllte Klimaleugnung.

Altmaiers Argument führt jedoch strategisch in die Irre. Denn das Gegenteil stimmt: Die ständig steigende ökologische Verdrängungsenergie wider die Wirklichkeit schafft in dieser Gesellschaft eine neurotische und hysterische Grundstimmung, bei der sich niemand so gut bedienen kann wie die rechten Populisten.

Die spätestens seit Beginn des Jahres 2019 verschärfte Tonlage in der Klima- und Ökologiedebatte, auch die Wiederkehr von scheinbar längst widerlegten Argumenten hat die traditionelle Ökologiebewegung, die Verbände, die Initiativen, letztlich auch die Grünen kalt erwischt. Obwohl die Ökologen gerade eine Menge Stürme, Hitzewellen und einen neuen Bericht des Klimarates der UN, des IPCC, auf ihrer Seite hatten, gerieten sie in der öffentlichen Debatte zunächst in die Defensive, aus der sie im Grunde erst die Schule schwänzenden Kinder, später ein 26-jähriger Influencer namens Rezo befreit haben. Vorerst. Denn bei der winterlichen Politikparalyse von 2018/2019 handelte es sich um mehr als eine bloß momentane Formschwäche des überkommenen Klimaaktivismus, tatsächlich wurzelt sie tief in der Geschichte der ökologischen Bewegung, speziell der in Deutschland.

Als in den 80er-Jahren die Erwärmung der Erdatmosphäre allmählich ins Bewusstsein der Öffentlichkeit drang, stand die damals noch recht kleine Gemeinde von Umweltschützern, Vogelkundlern und AKW-Gegnern vor einem riesigen Problem: Wie, um Himmels willen, sollte man die übergroße Mehrheit der Menschen und die mächtige Industrie dazu bringen, Lebensstil beziehungsweise Produktionsweise grundlegend zu ändern – wegen einer Katastrophe, die frühestens in drei oder vier Jahrzehnten eintreten würde? Eigentlich ein unmögliches Unterfangen.

Welche Instrumentarien standen der Minderheit damals für diese *mission impossible* zur Verfügung? Natürlich die Aufklärung, was sich zunächst allerdings schwierig gestaltete, weil die wissenschaftliche Basis für die Erderwärmung noch längst nicht so tief erforscht war wie heute. (Und als das Ende der 80er-Jahre endlich besser wurde, begann die Bundesrepublik gerade, sich mit etwas anderem zu beschäftigen – den Folgen der deutschen Einheit.) Worauf sonst konnte man zurückgreifen, was hatte man in den Händen? Im Grunde nur Dreierlei: Warnung vor der Apokalypse, also Kassandra-Politik unter Verwendung der je schrecklichsten Prognosen. Zum Zweiten: moralisieren, die Anklage gegen die Gegenwärtigen, sie würden den kommenden Generationen die Zukunft rauben. Schließlich: selber Vorbild sein und Beispiel geben, ein heikles Unterfangen, denn wer kann das schon widerspruchsfrei durchhalten.

Diese drei Elemente – Apokalyptik, Moralisieren, Vorbildsein – aus den Anfängen der Klimabewegung ziehen sich bis heute durch, prägen die Redeweise der Ökologen und natürlich auch ihr Bild in der Öffentlichkeit. (Ein etwas ungerechtes Bild im Übrigen, man hätte den ersten Klimakämpfern auch gern mal ein Denkmal setzen können.) Es braucht nicht viel Fantasie, um sich vorzustellen, was drei Jahrzehnte ununterbrochenen Warnens, drei Jahrzehnte ununterbrochener Dringlichkeitrhetorik dieser wackeren Minderheit erzeugt haben. Oftmals verband sich dies mit schon eingepreister Vergeblichkeit, man wusste bereits beim Schreiben oder Sprechen, dass man nicht durchdringen würde, zumindest nicht in der Praxis. Ökologie wurde von einem langweilenden Sollen überzogen, von einer verborgenen Frustration durchwirkt und von routinierter Moralisierung gesäuert. Und ab und zu gab es eine Klimakonferenz. Schon wieder eine.

Die grüne Scheinhegemonie in der Ära Merkel tat ein Übriges, die Ökologen beschworen eine herannahende Katastrophe und riefen dabei in eine wattierte Öffentlichkeit. Auch die Medien folgten der Entpolitisierung des Themas, verbannten Klima und Ökologie zumeist in die

Wissens- und Wirtschaftsteile; auf den ersten Seiten, in der Politik waren sie eher selten zu finden. Deutschland, das sich immer als Vorreiter gesehen hat, wurde ökologisch provinziell.

Wer sich heute in die globale Klimadebatte vertieft, wird feststellen, dass es auf dem angelsächsischen, vor allem auf dem amerikanischen Büchermarkt um Längen mehr Beiträge dazu gibt, vom naturwissenschaftlichen Blickwinkel über den politischen bis hin zum kulturellen und psychologischen. Die wissenschaftliche und intellektuelle Debatte in Deutschland ist demgegenüber eher dürftig, es gibt einiges Gute, aber es gibt viel zu wenig. Dieser auffällige Unterschied zwischen den USA und Deutschland dürfte darauf zurückzuführen sein, dass die Ökologen dort echte Gegner haben, denn in den Staaten gibt es eine richtiggehende Klimaleugnungsindustrie, gegen die man sich intellektuell zu behaupten hat, während hierzulande bislang lediglich die Trägheit, das Unausgesprochene und der schöne grüne Schein als die mächtigsten Konkurrenten firmierten.

Ein weiteres Defizit hat sich die Ökologiebewegung, haben sich auch die Grünen selbst zuzuschreiben: Für das Soziale am Ökologischen, für das, was international als »Climate-Justice«-Bewegung bekannt ist, interessierte man sich hier zu wenig, wohl weil man fälschlicherweise davon ausging, die soziale Frage sei in Deutschland einigermaßen befriedet.

So war und ist die Ökologiebewegung nicht sonderlich gut vorbereitet auf die verschärfte Auseinandersetzung. Wurde ihr moralischer Anspruch lange Jahre mit einer gewissen Gleichgültigkeit hingenommen, so tauchen neuerdings viele politische Gegner auf, die genau dieses Moralisieren zum zentralen Argument gegen die Ökologie machen.

Dabei wäre das alles gar nicht mehr nötig, weil die Klimakrise in ein anderes Stadium eingetreten ist. Nun, da die Erwärmung sichtbar zunimmt und Konsequenzen hat, geht es eben längst nicht mehr so sehr um Moral, also etwa einen Altruismus gegenüber den nächsten Generationen. Es geht plötzlich um aufgeklärten Egoismus, um Vorsorge für das eigene Leben – nicht für ungeborene Kinder, sondern für solche, die schon da sind und vor einem sitzen. Die Ökologen müssen auch nicht mehr den Teufel an die Wand malen, längst lächelt er sinister von allen Wänden: Es ist viel aufwendiger geworden, die Zeichen der Krise zu übersehen, als sie zur Kenntnis zu nehmen. Folgerichtig hat das Moralisieren die Seite gewechselt, es kommt nun mehr von den Gegnern einer wirksamen Klimapolitik. Weil diese lieber über Moral bzw. die Ablehnung von »zu viel« Moral reden möchten als über zu viel Moleküle.

Es würde also viel helfen, wenn die Ökologen sich aus dem Korsett ihrer Gewohnheiten lösen könnten und jene Instrumente aus der Hand legten, die sie sich angeschafft hatten, als sie noch klein und schwach vor einer übergroßen Überzeugungsarbeit standen. Um auch dies offen zu sagen: Wer heute noch mit dem Moralisieren und dem

routinierten Alarmismus weitermacht, der mag Spenden-
konten damit füllen, der Sache schadet er eher.

Doch hat sich nicht nur der traditionelle ökologische
Aktivismus überholt, etwas ungleich Größeres hat seinen
Zauber verloren: die Magie der Mitte.

Dass die alte Mitte der Republik, dass CDU, CSU und
FDP das Klima-Thema nicht mehr würden klein halten
können, zeigte sich spätestens bei den Europawahlen am
26. Mai. In Deutschland geriet diese Abstimmung, die ja
eigentlich nur über die Zusammensetzung des Europa-
parlaments entscheiden sollte, unversehens zur ersten
deutschen Klima-Wahl. (Gewiss nicht die letzte.) Der ökologischen Jugendbewegung mit ihren Freitagsdemonstra-
tionen und dem Youtuber Rezo mit seinem Video »Zerstörung der CDU« gelang es, die verfehlte Klimapolitik
der Bundesregierung ins Zentrum eines Wahlkampfes
zu stellen, der ansonsten seinen Namen nicht verdient
hatte. Keines der von der alten Mitte angebotenen Themen erreichte auch nur die mindeste Aufmerksamkeit der
Wählerinnen und Wähler. Darum konnte das Klima gewissermaßen durchstarten. Die Folgen sind bekannt: kra-
chende Wahlniederlagen für CDU und SPD sowie ein nie
dagewesenes Rekordergebnis für die Grünen.

Nun mussten die Parteien reagieren – und taten es auch.
Nicht dass die Regierung im Anschluss an ihre Niederlage etwa den seit Januar vorliegenden Kohlekompromiss
rasch in einen Gesetzestext gegossen oder gar das lang
angekündigte Klimagesetz verabschiedet hätte, nein, so

weit wollte man denn doch nicht gehen. Aber immerhin: Die Zahl der Worte, die über das Klima gemacht wurden, nahm drastisch zu, die Absichten wurden noch absichtsvoller, sogar Selbstkritik wurde vernehmlich.

Die Bundeskanzlerin beispielsweise murmelte etwas davon, dass in der Klimapolitik nun Schluss sein müsse mit dem – von ihr selbst zu verantwortenden –»Pillepalle«, sogar das Wort »disruptiv« wurde Anfang Juni aus ihrem Munde vernommen. Ernst gemeint wäre dies etwas völlig Neues, denn noch nie zuvor hat Angela Merkel disruptive Politik, also grundlegende, qualitative Veränderungen angekündigt, derlei gab es bei ihr bis dato bloß als Reaktion auf Krisen.

Nur, ob sich die Kanzlerin hier wirklich etwas Neues vorgenommen hat oder ob sie nur so tat – das bleibt sich im Grunde gleich. Denn auf sie kommt es nicht mehr an. Die Große Koalition taumelt ihrem Ende entgegen, die Richtlinien-Kompetenz für die CDU ist auf ihre Nachfolgerin übergegangen. Oder auf einen der Männer, die an ihrer statt Kanzlerkandidat werden wollen.

Annegret Kramp-Karrenbauer variierte in Reaktion auf die dramatischen Stimmverluste der CDU ihre Redeweise über die Klimapolitik, sie wurde weniger polemisch und weniger populistisch. Dass die Schlappe vom 26. Mai sie zu einem echten Umdenken gebracht hätte, war indes auch nicht recht zu erkennen. Wann immer Kramp-Karrenbauer sich zur Klimakrise äußerte, umstellte sie die Pariser Reduktionsziele mit ihren Abers: Aber das

Soziale, aber die Wirtschaft. Auch warnte sie mit Blick auf eine Klima-averse Minderheit von Ostdeutschen vor einer Spaltung der Gesellschaft. Mit anderen Worten: Sie schürte Ängste vor dem Wandel und vermied es, den Menschen ohne Wenn und Aber zu versprechen: Komme, was da wolle, die Klimaziele sind nicht verhandelbar. Allem Anschein nach sah sie auch zu dem Zeitpunkt nicht, dass das Versprechen einer Partei, die seit vierzehn Jahren ununterbrochen regiert, Ökologie, Technologie, Wirtschaft und soziale Belange zu vereinbaren, von vielen Menschen als Drohung empfunden werden muss. Denn genau so redet die CDU ja seit eh und je, und das praktische Ergebnis davon lautet nicht etwa Vereinbarung aller Ziele, sondern strategische Vernachlässigung des einen Ziels: Reduktion von CO_2.

Auch Annegret Kramp-Karrenbauers schärfster Konkurrent um die Kanzlerkandidatur, Friedrich Merz, reagierte auf die erste deutsche Klima-Wahl und die Niederlage seiner Partei, indem er warnte: »Die CDU muss den Umweltpopulismus der Grünen mit der Wirklichkeit konfrontieren und sie fragen, wovon unsere Kinder in Zukunft leben sollen. Industriearbeitsplätze erwirtschaften heute 23 Prozent unseres Wohlstands.« Gleich drei Denkfehler scheinen hier durch keine Wahlniederlage der Welt behebbar: Zum einen kann Friedrich Merz Klima und Industrie nur in Konkurrenz sehen, nicht das eine als die Voraussetzung des anderen. Zum Zweiten ist es nicht die Aufgabe einer Regierungspartei, eine Oppositionspartei zu fragen, wovon »unsere Kinder« angesichts der notwendigen Klimamaßnahmen künftig leben sollen, das müsste die CDU schon selber sagen. Zum Dritten scheint für Friedrich Merz völlig unumstößlich, dass »unsere Kinder« künftig »von der Wirtschaft« leben und nicht durch eine leidlich gesunde Natur. Das fast schon marxistisch anmutende Primat, das Neoliberale wie er der Wirtschaft beimessen, macht sie offenbar blind für die existenzielle Bedeutung der Klimakrise.

Wohin man also sieht an der CDU-Spitze: Abstriche, Relativierungen, andere Prioritäten, im Grunde hundert Varianten, um nicht direkt Nein, aber doch Vielleicht zu sagen. Oder noch genauer: Wahrscheinlich nicht. Man darf sich nicht täuschen lassen, die alte Mitte kann gegen das Klima nur noch schwer Wahlen gewinnen, dennoch ist sie sehr weit von einem neuen ökologischen Konsens entfernt, der besagen würde: Die Einhaltung des Pariser Abkommens ist die Voraussetzung aller Klima-, Wirtschafts-, Landwirtschafts-, Verkehrs- und Energiepolitik, der Wettbewerb unter den ökologisch verantwortlich denkenden Parteien der Mitte kann nur um das Wie gehen, nicht mehr um das Ob.

Nach den ersten Klima-Wahlen der Republik muss man sagen: allem Anschein nach verhält es sich mit der Kultur der wissenden Ignoranz nicht so, wie man es denken würde: Je mehr Wissen, desto weniger Ignoranz. Möglich ist offenbar auch: Mehr Wissen und zugleich mehr Ignoranz, viel mehr Worte und doch nicht viel mehr Taten.

Warum aber wehren sich Merz und AKK, Lindner und all die anderen Protagonisten der alten Mitte nur so erbittert gegen einen greifbar nahe scheinenden neuen, einen zweiten Klimakonsens?

3. Verlorene Magie der Mitte
   und Extremismus der Normalität

Wer verstehen will, wieso ein tief erforschtes Problem wie der Klimawandel es so schwer hat, dauerhaft ins Zentrum des politischen Diskurses und – erst recht – des Regierungshandelns vorzudringen, der muss sich vor Augen halten, dass hier ein extremes Problem auf eine politische Kultur trifft, die in allen ihren Reflexen darauf ausgerichtet ist, Extremes zu vermeiden und zu negieren.

Als der Bundesrepublik nach dem Krieg die Demokratie geschenkt wurde, stand über allem ein Wort: Mitte. Diese junge Demokratie musste ihre Mitte finden, sie sollte sich fortan von jedweden Extremen fernhalten, selbstverständlich von allem, was wieder im Gestern landen könnte, aber auch von allem, was im feindlichen Bruderland die Oberhand behalten hatte, vom Kommunismus. Weil es die DDR gab, konnte sich in Westdeutschland, anders als in Italien oder Frankreich, z.B. nie eine relevante kommunistische Partei herausbilden. Jede zu große Abweichung nach links bedeutete gleich Landesverrat. Die Ablehnung des Kommunismus genügte einer sich zur Mitte hin neu schaffenden Republik jedoch nicht, sogar die brave SPD geriet regelmäßig unter Verdacht, zu sehr nach links abzuweichen. Umgekehrt war das nicht anders. Wieder und wieder musste sich die Union rechtfertigen für die NS-Biografien führender Männer, nicht selten rückte die Linke sie in die Nähe des Dritten Reiches.

Und so absurd und stellenweise neurotisch die wechselseitigen Angriffe aus heutiger Sicht auch scheinen mögen, im Kern brachte sich die Republik mit ihrer Mitte-Zentrierung auf einen vernünftigen demokratischen Kurs – wahrhaftig keine Kleinigkeit für ein Volk, das zwei Weltkriege und einen Genozid zu verantworten hatte.

Die Mitte-Zentrierung des Systems fiel den Deutschen im Laufe der Jahrzehnte auch deshalb immer leichter, weil sie zum unerwarteten Siegeszug des Modells Deutschland beitrug. Wie von Zauberhand lag auch der politische Erfolg eigentlich immer dort: Wahlen werden in der Mitte gewonnen, so lautet eine der goldenen Regeln der Bundesrepublik. Die Wahrheit lag ebenfalls in der Mitte und niemals bei den Extremen. Nicht zuletzt wurde die mittlere Tonlage zum bestimmenden Klang, laute Stimmen, dringende Töne wurden zwar zugelassen, man fand sie bisweilen sogar anregend, nur dauerhafte Relevanz konnten sie kaum je bekommen. Dafür sorgten schon die seriösen Zeitungen und der öffentlich-rechtliche Rundfunk.

Eine kleine, etwas modellhafte Beobachtung aus dem politischen Berlin unserer Tage kann die mediale Mitte-Zentrierung verdeutlichen: Wenn ein Parlamentskorrespondent beispielsweise für die Beobachtung der Linkspartei zuständig ist, so findet er Sahra Wagenknecht zwar immer interessant, jedoch spätestens, wenn es ans Kommentieren geht, plädiert er für den »realpolitischen« Kurs von Dietmar Bartsch oder Bodo Ramelow. Wechselt nun die Zuständigkeit des betroffenen Kollegen, und er macht die SPD zum Zentrum seiner Arbeit, so wird er Kevin Kühnert zwar interessant finden, aber stets für einen Weg des Maßes und der Vernunft, also etwa für Olaf Scholz plädieren. Nun ist es aber so, dass der »vernünftige« Dietmar Bartsch bei der Linken zu 90 Prozent dieselben inhaltlichen Positionen vertritt wie die »unvernünftigen« Linken bei der SPD. Die Mitte-Orientierung der bewertenden Beobachter ist mithin völlig unabhängig von den Inhalten, die da jeweils vertreten werden, sie ist vielmehr: reine Mechanik. Und dadurch, nebenbei gesagt, vollkommen hilflos gegenüber Achsenverschiebungen der Republik insgesamt. Schließlich: Auch die AfD hat einen realpolitischen Flügel ...

Die unterstellte strategische Unfehlbarkeit der Mitte, also die Vorstellung, die demokratische Wahrheit liege stets eben dort, hatte für die Medien weitreichende Konsequenzen: Fast immer suchten sie die Idealposition in der Mitte, versuchten, zwischen den gegebenen Positionen der Parteien zu vermitteln. Es gibt aber eben auch eine Mitte zwischen der Wirklichkeit und der Gesellschaft, zwischen Realität und Perzeption, die medial zumeist vernachlässigt wird. Darum sind die hiesigen Medien für den Fall schlecht gerüstet, dass die deutsche Gesellschaft kollektive Realitätsverweigerung betreibt, dass also die

Wahrheit auch mal weit außerhalb dessen liegen könnte, was unter den Parteien als Realität verhandelt wird. Die Medien neigen dazu, Aufklärung und Moderation in eins zu setzen, kein Skandal darf größer sein als der Magen der Volksparteien. Deutsche Journalisten können sich auch nicht gut vorstellen, dass derjenige, der schreit, einfach mal recht hat, weil wirklich Gefahr droht, oder dass es Situationen geben kann, in denen das Moderate das Verrückte ist. Auch sprachlich fällt es den Medien schwer, einen Ton für die Monstrosität der Klimaentwicklung zu finden. Die Frage drei, vier oder fünf Grad Erwärmung wird lapidar und routiniert abgehandelt wie ein paar Milliarden Euro mehr oder weniger Staatsschulden.

Auf diese Weise wurde und wird die gradualistische, die »kleine« Politik zur demokratisch einzig möglichen Politik erklärt, große Vorhaben geraten stets sogleich unter Ideologie-Verdacht. Der berühmte Helmut Schmidt zugeschriebene Satz, wer Visionen habe, der solle zum Arzt gehen, war auf Willy Brandt gemünzt, könnte aber auch gut über dem Eingang des Deutschen Bundestages prangen. Angela Merkel wiederum hatte wahrscheinlich schon vor ihrem Amtsantritt diesen Arzt aufgesucht, jedenfalls hat sie ihre gesamte Regierungszeit dem Schritt-für-Schritt verschrieben – außer die Krisen zwangen sie zu mehr.

Dies alles – die Mitte-Mechanik der Medien, der Glaube, Erfolg und Wahrheit lägen stets in der Mitte, Gradualismus sei die einzig mögliche Bewegungsform demokratischer Politik – wurde im Laufe der Zeit zum Wesen der

Bundesrepublik. Und was soll man angesichts der doch recht beeindruckenden Geschichte dieses Landes seit 1949 anderes sagen: Es war gut so!

Darüber, dass dies alles so blendend funktionierte, wurde allerdings vergessen, dass die Mitte-Politik an einige gar nicht so selbstverständliche Voraussetzungen gebunden ist: Die Mitte darf, zum Beispiel, nicht dauerhaft in einer größeren Frage irren, ein Extremismus der Normalität muss per definitionem unmöglich sein. Rahmenbedingungen wie der militärische Schutz durch die USA sowie die Einbettung in eine funktionierende EU müssen die deutsche Politik vor neuen strategischen Grundsatzentscheidungen verschonen. Vor allem aber: Niemals dürfen die realen Probleme so groß werden, dass sie mit der gradualistischen Mitte-Politik nicht mehr zu bewältigen sind.

Nicht zuletzt – weitere Voraussetzung dieser überkommenen Politik – braucht es eine wählende Bevölkerung, die dem Ganzen grundsätzlich bejahend, notfalls hinnehmend gegenübersteht. Was auch heißt: Mitte-Politik hat sich für die Parteien zu rentieren, sie müssen dafür wenigstens ab und an belohnt werden, nicht nur in den Kommentarspalten, sondern an der Wahlurne.

Es ist schwer zu übersehen, dass sämtliche Voraussetzungen der Mitte-Magie im Verlaufe der 2010er-Jahre schrumpften oder gar verschwanden: Die USA ziehen sich als militärische Schutzmacht z. B. immer weiter zurück, während die EU auch von Deutschland neue Orientierung verlangt, statt sie zu garantieren. Und schon zeigt sich: Die Große Koalition steckt fest im substrategischen Bereich, erweist sich als unfähig, große gemeinsame Linien in die Zukunft zu ziehen. Innenpolitisch mutierte die SPD derweil gewissermaßen zum Märtyrer der Mitte-Politik, fast ausnahmslos setzt sie auf eine Politik, die so gemäßigt ist, dass sich selbst der politische Gegner darüber nur pro forma aufregen kann – und verliert dabei doch den Status einer Volkspartei. Die deutsche Sozialdemokratie, man wagt es kaum zu sagen, gewinnt in der Mitte keine Wahlen mehr. (Ob die SPD sie heutzutage weiter links gewinnen könnte, das weiß indes niemand, es wurde schließlich so gut wie nie probiert.)

Doch auch die erfolgreichere Kanzlerin, die zur vielleicht reinsten Verkörperung bundesdeutscher Mitte-und-Maß-Politik avancierte, bewegt sich seit einiger Zeit im politischen Soll. Die Kluft zwischen ihrer angekündigten Schritt-für-Schritt-Politik und den tiefen Einschnitten, die sie dann machen musste, hat ihre demokratische Legitimation aufgezehrt. Viele kritisieren sie massiv für Energiewende, Griechenland-Rettung und das Offenhalten der Grenzen im Jahre 2015. Man muss ihr jedoch zugutehalten, dass die Probleme eine Größe angenommen haben, die mit dem Instrumentarium der alten Bundesrepublik eben nicht mehr zu bewältigen sind. Angela Merkel verwandelte den Widerspruch zwischen Mittigkeit und Wirklichkeit in einen zwischen angekündigter und vollzogener Politik. Insofern ist auch sie eine Märtyrerin der alten Politik, wenngleich mit besserer Laune als die SPD.

Für unseren Zusammenhang besonders wichtig ist eine weitere Veränderung mit Blick auf die Magie der Mitte: Es gibt eben einen Extremismus der Normalität in diesem braven deutschen Lande. 40 Millionen Pkw fahren herum, allein die Hamburger legen jeden einzelnen Tag 26 Millionen Kilometer im Auto zurück. Jeder Deutsche isst jährlich 60 Kilo Fleisch, Vegetarier und Veganer mit eingerechnet. Deutsche Verbraucher kaufen im Schnitt 60 Kleidungsstücke pro Jahr – tragen diese allerdings nur noch halb so lang wie vor 15 Jahren. Allein in Berlin werden jeden Tag etwa 460 000 Coffee-to-go-Becher dem Müll überantwortet, die Deutschen fliegen mehr statt weniger und kaufen für den Individualverkehr in den überstressten und verdichteten Städten immer mehr Zwei-Tonner, die sie Auto nennen. Es ist, als ob sie für maximalen Naturverbrauch und Stoffdurchsatz bezahlt würden, es wirkt, nüchtern betrachtet, alles ein bisschen manisch.

Ob all dies – und die Liste ließe sich verlängern – in sich schon verrückt ist, sei dahingestellt, eines jedoch ist angesichts der ökologischen Folgewirkungen dieses deutschen Alltags klar: Die Normalität erzeugt, besonders mit Blick auf die Natur und die Erdatmosphäre, extreme Ergebnisse. Sie kann infolgedessen auch nicht länger als Fluchtpunkt und unverrückbare Mitte des politischen Handelns und Redens fungieren.

Die Normalität hat ihre normative Kraft verloren.

Überdies ist unübersehbar, dass das gelebte Maß und die nach innen gepredigte Mitte stets äußere Maßlosigkeit vorausgesetzt haben: nämlich die nicht nachhaltige Ausbeutung von Ressourcen und die Übervorteilung von Menschen aus der sogenannten Dritten Welt, für die sich all die schönen Regeln des Weltmarktes nicht ganz so günstig auswirkten wie für Deutschland. Doch diese äußere Maßlosigkeit dringt jetzt nach innen vor. Menschen und Ressourcen melden sich zurück. Flüchtlinge begehren in einer Zahl Einlass, die viele der maßvollen deutschen Bürger überfordert, manche ausrasten lässt. Schließlich die ökologische Reaktion der Außenwelt, die mit dem Begriff des »Klimawandels« fast schon zu harmlos beschrieben ist. Alle diese Phänomene geben einen tiefen Einblick in die dunkleren Geheimnisse der deutschen Maß-und Mitte-Politik. Und nun?

Es wäre naiv anzunehmen, dass eine fast leiblich gewordene politische Disposition einfach aufhört zu existieren, nur weil ihre Existenzbedingungen schwinden oder gar wegfallen. Wer die Magie der Mitte öffentlich infrage stellt, darf nach wie vor mit harschen Reaktionen rechnen. Wer fordert, die Politik müsse sich an den extremen Bedingungen der Wirklichkeit ausrichten, dem wird umgehend die Bereitschaft zum Kompromiss abgesprochen und standrechtlich die demokratische Approbation entzogen. Wobei ja theoretisch durchaus nicht nur Kompromisse zwischen fast nichts und sehr wenig denkbar sind, sondern auch zwischen viel und sehr viel. Das Motiv für solche aggressiven Reaktionen ist indes klar und auch nicht zu verübeln: Wenn man die Mitte-Politik der alten Bundesrepublik nicht für eine spezifische Form von Demokratie hält, sondern für die Demokratie schlechthin, dann verlässt jede Kritik daran den demokratischen Sektor. So kann man es sehen. Nur verschwindet damit schwerlich die Realität, gewiss nicht der Klimawandel. Das Klima macht, während die politische Klasse und mit ihr die Öffentlichkeit angstvoll ihren Gradualismus umhegen, vielmehr etwas ganz anderes: Es spitzt die Konflikte weiter zu.

Letztlich reagieren die Große Koalition und die meisten Medien im Angesicht der Krise des Westens und des Klimas so, dass sie nur für wirklich erklären, was sich verarbeiten lässt. Es wird nicht gefragt, welche Politik zu den Problemen passt, wie sie sind, sondern es wird gefragt: Welche Probleme passen zu der Politik, wie sie ist?

Was politisch verdrängt wird, kehrt als Hysterie wieder. Sie nährt sich zusätzlich von einer neuen, grundlegenden Verwirrung des öffentlichen Diskurses: dem rätselhaften Verschwinden der Mehrheit. Annegret Kramp-Karrenbauer, die Vorsitzende einer Partei, die seit 14 Jahren ununterbrochen regiert, hat in einer ihrer Reden (keine Büttenrede) einmal gesagt, die Veganer würden den gewöhnlichen Menschen mit ihrer Kritik am Fleischkonsum »das Leben zur Hölle machen«. In der *FAZ*, einer der CDU nahestehenden Tageszeitung, schrieb ein Leitartikler im März 2019: »Die Kette freiheitsberaubender Unvernunft wird (…) nicht unterbrochen, weil ökologischer Fortschrittsglaube seine Autorität verlöre. Die ist so wirkmächtig, dass ein heißer Sommer reicht, um eine Verbindung zwischen Wetter und Moral herzustellen. So war das schon einmal, in Zeiten, als Aufklärung und demokratische Freiheiten noch nicht in Sicht waren.« Wenn man das richtig versteht, so soll es wohl heißen: Die Unvernunft der Ökologen führt Deutschland zurück ins Mittelalter. Und Christian Lindner, einer der am meisten öffentlich sprechenden Menschen dieses Landes, beklagt:»Gegen das Auto tobt ein Kulturkampf. Die Menschen sollen umerzogen und die Autowirtschaft soll enthauptet werden. Freie Fahrt für niemanden ist das Ziel.«

Aber kann das wirklich sein? Die Minderheit herrscht über die Herrschenden, die Mächtigen rebellieren gegen die wenigen, eine Million Veganer machen 70 Millionen Fleischessern das Leben zur Hölle, und der Kulturkampf gegen das Auto tobt, während die Automobil-Konzerne unglaubliche Gewinne machen, die Zahl der zugelassenen Pkw steigt und deren Hubraum obendrein? Was ist hier bloß geschehen? Woher nehmen die ökologischen Minderheiten ihre dämonischen Superkräfte, um die Mehrheitsgesellschaft derart zu verhexen?

Tatsächlich handelt es sich hier um mehr als nur einen rhetorischen Kniff des Mainstreams, mit dem sich das Herrschende als das Verfolgte gibt und die Mehrheit den Opferschutz für sich reklamiert. Denn das Paradies, aus dem die Veganer die Fleischesser und die Radfahrer die Autofahrer vertrieben haben, ist ein ganz besonders empfindliches Biotop: Es ist die Selbstverständlichkeit. Unbehelligt zu sein, Zonen ungestörter Verdrängung bilden zu können, das (in vielerlei Hinsicht) Absurde als das immer schon dagewesene Normale zu leben – das genau haben die Minderheiten der Mehrheit geraubt, eben dies macht die Mehrheit dann mitunter so aggressiv und verführt populistisch gestimmte Politiker dazu, den Leuten etwas vorzuwüten. Die Minderheit wiederum bringt es in Rage, dass die Blech und Fleisch gewordene Mehrheit sich neuerdings als verfolgte Unschuld geriert. Die materiell alles beherrschende Kultur führt sich als armes Hascherl auf – das hat ihnen gerade noch gefehlt.

Historisch lässt sich der Hegemonieverlust des Gewöhnlichen erklären, weil all die Dinge, die uns lange Zeit normal vorkamen – das Autofahren, das Fleischessen, das Zupflastern unseres Landes etc. –, eben erst dadurch ökologisch untragbar wurden, dass sie sich zur allgegenwärtigen Normalität entwickelt haben. Gäbe es heute nur so viele Autos wie 1960, dann wäre der Streit um diese Art der Mobilität längst nicht so erbittert. Der deutsche Alltag hat seine Unschuld durch die Veralltäglichung des immensen Verbrauchs verloren. Die Intuition kommt da nicht mit, denn für gewöhnlich ist es ja genau andersherum gewesen: Je mehr Menschen es machen, desto unstrittiger wird es. Heute hingegen verhält es sich so: Je mehr Menschen es tun, desto problematischer. Die Mehrheit frisst ihre eigene Legitimation, jedenfalls wenn sie materiell so weitermacht wie bisher.

Die dämonischen Zauberkräfte der Minderheit gibt es indes tatsächlich, sie sind sogar leicht zu beschreiben:

Zum einen ist da die erdrückende ökologische Faktenlage, die von der Peripherie des politischen Diskurses dann doch immer wieder in die Mitte schwappt. Sich einen Weg über die Laptops, Fernseher und Radios bahnt. Der Wasserschildkröte mit dem Plastikhalm in der Nase entkommt man ebenso wenig wie dem Film über verzweifelt schreiende Orang-Utans im abgeholzten Regenwald, und täglich grüßt der Eisbär.

Zum anderen ist da das schlechte Gewissen der Mehrheit, die sich eben durchaus getroffen fühlt. Eine einzige Veganerin in der Kantine reicht dann aus, um alle Fleisch essenden Kommilitonen oder Kolleginnen mit einem Fragezeichen zu verstören – selbst dann, wenn die Veganerin gar nichts zur Currywurst sagen sollte. In diesem asymmetrischen Konflikt zwischen der Mehrheit, die über die Materie, und der Minderheit, die über das Gewissen herrscht, liegt ein enormes destruktives Potenzial. Zumal in das Paradies der Selbstverständlichkeit keine Rückkehr möglich ist, auch dann nicht, wenn die mahnende Minderheit vollständig zum Schweigen gebracht werden könnte. Denn wer einmal eine andere Wahrheit gehört hat, der glaubt sich seine Lügen nicht mehr.

Die Selbstverständlichkeit ist keine erneuerbare Ressource.

Im Konflikt zwischen der Minderheit, die wenig echte Macht hat, und der Mehrheit, die sich ohnmächtig fühlt, spiegeln sich wiederum die beiden zentralen Widersprüche, in denen sich diese Gesellschaft zurzeit windet – dem zwischen Ahnen und Wissen sowie dem zwischen Wissen und Handeln. Entschärft werden können sie nur durch eine Politik, die sich zumindest traut, alles das beim Namen zu nennen, was eben der Fall ist. Solange die Politik die Probleme dann allerdings nicht wirklich angeht, verdammt sie die Gesellschaft dazu, sich Illusionen zu machen und moralische Scheingefechte zu führen. Denn die Öffentlichkeit gibt sich einfach ungern mit schmerzhaften Einsichten ab, deren Linderung nicht einmal am fernen politischen Horizont steht.

Hinzusehen wagen, weil Handeln möglich scheint – davon ist Deutschland noch recht weit entfernt. Stattdessen wird gegen die angeblich übermäßige Reichweite der ökologischen Minderheit mit Gegenzauber gearbeitet. Zuallererst mit dem Vorwurf der Radikalität, gerichtet an diejenigen, die die Erfüllung der Klimaziele fordern. Keine Frage: Ihre Vorschläge können hier und da untauglich sein, wahrscheinlich gibt es oft bessere Ideen – aber um die konkreten Vorschläge geht es selten, sondern darum, mit dem Bannfluch »radikal« Menschen in die Schranken zu weisen. Was allerdings nur noch begrenzt funktioniert, weil selbst die Bundeskanzlerin zwischendurch mal eine »radikale Verkehrswende« fordert.

An dieser Stelle lauert zudem eine Perfidie, die sich irgendwann ungünstig auf den innergesellschaftlichen Frieden auswirken könnte. Denn diejenigen, die sich heute gegen »zu radikale« Maßnahmen aussprechen, sind oft dieselben, die schon vor 20 Jahren mit demselben Vorwurf eine Politik verhindert haben, die dem Land heute radikale Maßnahmen ersparen würde. Und es steht zu befürchten, dass es in zehn Jahren wieder dieselben Leute sind, die sich dann gegen radikale Maßnahmen wenden werden, die so radikal nicht hätten ausfallen müssen, wenn man heute mehr gemacht hätte. Ad infinitum. Es gibt Grenzen der Bigotterie, die im Interesse des gegenseitigen Respekts lieber nicht überschritten werden sollten.

Neben dem Radikalitätsvorwurf wird oft auch damit argumentiert, dass Panikmache kontraproduktiv sei und apokalyptische Szenarien die Leute nur erschrecken würden. Auch das sind im Normalfall probate Lehren aus der Geschichte. Allerdings verführen sie leicht zu dem Umkehrschluss, dass es keine apokalyptische Entwicklung geben kann, weil Apokalyptik im Diskurs schon immer falsch war. Und obwohl Panik die Menschen kopfscheu macht, gibt es manchmal durchaus Anlass zur Panik. Lehren aus der Geschichte sind gut, aber sie vermögen nicht die Antarktis davon abzubringen, in immer höherer Geschwindigkeit gigantische Eisberge ins offene Meer zu kalben.

4. Menschheitsneu – der Unterschied
zwischen dem 20. und dem 21. Jahrhundert

Vor drei Jahren veröffentlichte der Suhrkamp-Verlag eine Aufsatzsammlung von Peter Sloterdijk mit dem Titel »Was geschah im 20. Jahrhundert?«. Die Provokation dieses Titels erschließt sich erst auf den zweiten Blick, dann jedoch umso tiefer. Denn es ist natürlich erst einmal anmaßend und provokativ, mit einer Sammlung von Essays ein ganzes Jahrhundert zu definieren. Bücher, die es überhaupt wagen, sich diesem Jahrhundert als Ganzem zu nähern, müssen einen riesigen Bogen schlagen und dementsprechend umfangreich sein, um respektiert zu werden, am besten mehrere Bände umfassen. Und natürlich müssen darin die beiden Weltkriege, der Holocaust, der Kalte Krieg, Hiroshima, die beiden Totalitarismen und der Sieg des Westens über den Kommunismus im Zentrum stehen.

Ganz anders bei Sloterdijk, der offenbar glaubt, man könne lässig und kurz angebunden mit diesem tragischen, heroischen, übervollen Jahrhundert umgehen, das die westlichen Eliten, allen voran die deutschen, intellektuell und moralisch so tief geprägt hat und noch immer prägt.

In Deutschland hatte man in der zweiten Hälfte des Jahrhunderts überhaupt nur eine realistische Chance, in die

politische, künstlerische oder journalistische Elite vorzu-
stoßen, wenn man sich in all den historischen und weltanschaulichen Tiefen, Höhen und Verästelungen auskannte:
Kommunismus, Nationalsozialismus, Genozid, Antiameri-
kanismus, Israel, Kriegsschuld, Wehrmacht, Erziehungsdiktatur, totalitärer Staat, Befreiung oder Niederlage, rassistische Stereotypen, von der Romantik bis Auschwitz,
die verspätete Nation, Weimar, Fünf-Prozent-Klausel, So-
zialfaschismus, Westbindung, Rapallo, Appeasement. Wem
zu diesen Begriffen zu wenig einfiel, wer da nicht nachts
im Schlaf die komplexen Zusammenhänge zwischen den
Stichwörtern zeichnen konnte, der kam nicht weit.

Dabei waren weder das Wirtschaftswunder noch das
Wunder von Bern die größten und erstaunlichsten Leis-
tungen der Bundesrepublik. Sondern genau dies: im eben
noch faschistischen Deutschland eine Elite hervorgebracht
zu haben und immer neu zu reproduzieren, die sich in der
Grammatik des 20. Jahrhunderts bis ins letzte Semikolon
auskannte und die standhaft und leidenschaftlich den
darin wirkenden Nie-Wieder-Impuls vertritt.

Ich bin zutiefst der Überzeugung, dass dieses Rigoro-
sum des Gestern auch 75 Jahre nach Auschwitz noch nötig ist, dass mehr als nur Grundkenntnisse in der Grammatik des 20. Jahrhunderts unabdingbar sein sollten, um
hierzulande an verantwortlicher Stelle wirken zu können.
Denn dieses so zivil scheinende Deutschland ist spätestens von dem Moment an wieder in Gefahr, in dem es
glaubt, nicht mehr in Gefahr zu sein, und zu vergessen

beginnt, wie diese Gefahr aussieht und wie sie sich ankündigt. Allerdings – und das ist eine dialektische oder auch diabolische Pointe – erschweren die Lehren aus dem 20. Jahrhundert auch das Lernen im 21. Jahrhundert.

Man könnte mit guten Argumenten behaupten, das 20., das »amerikanische« Jahrhundert habe mit dem Kriegseintritt der USA 1917 begonnen und endete 2017 mit dem Amtsantritt von Donald Trump. Denn dieser Präsident hat dem schon länger spürbaren geistigen und geopolitischen Nicht-mehr-Können der schmelzenden Supermacht ein Nicht-mehr-Wollen hinzugefügt. Die USA verabschieden sich militärisch, moralisch und ökonomisch aus ihrer führenden, ordnenden und schützenden Rolle – das 20. Jahrhundert endet mit der beginnenden Niederlage seines Siegers. Unübersehbar bröckelt und wackelt gerade die politische Ordnung, auf die sich die Grammatik des letzten Jahrhunderts bezieht, sie verliert damit an Macht und an Orientierungskraft. Alle Argumente und Werte des Westens waren, wenngleich man dem ungern ins Auge sieht, immer auch machtgestützt, das heißt aus Sicht der Sieger formuliert. Und nun, da die Macht schwindet, wird sich zeigen, was davon Bestand hat. Die wichtigste und tief verstörende Frage für den Westen lautet darum nicht, wie er sich der wachsenden Macht Chinas erwehren oder wie er den islamistischen Terrorismus bekämpfen könne, die existenziellen Fragen lauten, jetzt, da unsere Wahrheiten nicht mehr durch Übermacht gestützt sind, sondern neu unter die Lupe genommen werden: Ist es Zufall oder

Notwendigkeit, dass es die westlichen weißen Demokratien bisher nie ohne Ausbeutung anderer Länder, anderer Ethnien, der Frauen – und eben der Natur gegeben hat? Kann unser liberales Gesellschaftsmodell existieren, ohne sich mehr Ressourcen zu nehmen als andere und die Erde und die Atmosphäre mehr zu verschmutzen als andere und mehr, als es verantwortbar ist? War die westliche Ordnung womöglich eine fossile Ordnung? Ist der Satz »Ich habe genug« einer, der in einem Unternehmen überhaupt laut ausgesprochen werden darf, oder macht man sich da gleich der Subversion verdächtig?

Dies sind, wohlgemerkt, keine Fragen, die allein durch genauere und erneute Betrachtung der Vergangenheit zu klären sind, es sind zugleich zukünftige und praktische Fragen. Wenn es den westlichen Staaten und Gesellschaften tatsächlich gelingt, ihren Anteil an der Erderwärmung künftig auf nahe null zu bringen, dann wäre bewiesen, dass Demokratie auch ohne diesen gierig-nervösen und zugleich zerstörerischen Stoffdurchsatz auskommen kann, dass mithin die Verbindung von demokratischem Staat, von liberaler, individualistischer Lebensweise auf der einen und Naturzerstörung auf der anderen Seite bloß ein vorübergehendes, akzidentelles Phänomen war. Umgekehrt: Sollte dies nicht gelingen, sollten sich westliche Demokratie und Ausbeutung als siamesische Zwillinge erweisen, dann liest sich auch das vergangene Jahrhundert künftig anders.

Die Vorstellung, dass die Wahrheit über die westlichen

Demokratien nicht allein in ihren historischen Siegen über die diversen Totalitarismen liegen könnte, sondern sich auch am künftigen CO_2-Eintrag in die Erdatmosphäre und überhaupt am Grad der Naturzerstörung ablesen lässt, ist der Grammatik des 20. Jahrhunderts völlig fremd. Doch liegt in diesem Mangel an Fantasie nicht die einzige Beschränkung jenes Denkens. Folgenreicher ist zurzeit, dass die großen, neuen Probleme des 21. Jahrhunderts, insbesondere die Ökologie, weiterhin mittels der Grammatik des 20. gelesen und somit eben nicht verstanden werden:

Bisher galt die Natur – erster Punkt – im Denken der Industrieländer als eine beliebig ausbeutbare und grenzenlos belastbare Größe, man konnte sich an ihr bereichern und sich in ihr entlasten. Eventuelle Störungen wurden gewissermaßen als Sekundärwiderspruch abgetan. Peter Sloterdijk nennt das in einem der Aufsätze aus dem erwähnten Band die »kulissen-ontologische Grundannahme«. Heute aber gerate »die scheinbar unvordenkliche Idee der Natur als einer alles absorbierenden Äußerlichkeit ins Wanken«. Dass die Natur einmal aus der Kulisse mitten ins Zentrum der Politik rücken würde und die altgewohnten Schemata von mehr oder weniger Staat, von mehr oder weniger Sozialpolitik, von Verschuldung und Sparen übersteigen könnte, davon will dieses Denken in politischen Systemen und Ideologien nichts wissen. Diese Blindheit gegenüber der Natur, dieses fortwährende Blinzeln im Angesicht ihrer Gefährdung teilen sich im Übrigen der Liberalismus und der klassische Marxismus des 20. Jahrhunderts. Auch der

Marxismus interessiert sich für den Ursprung des Wohlstandes nur, um ihn anders zu verteilen und zu strukturieren. Aber der wirkliche Ursprung des Reichtums, die Umwelt spielt eine Statistenrolle. Natur ist nur »Material«. Das Verständnis der Natur als Sekundär-, nein Tertiärthema, das Missverständnis, die Beziehung des Menschen zur Natur sei nicht wesentlich, hält sich auch noch ein halbes Jahrhundert nach dem Weckruf des Club of Rome im Jahr 1972. Das zeigt sich beispielsweise darin, dass die westlichen Demokratien nicht einmal ernstlich darüber diskutieren, die Struktur ihrer Kabinette der neuen Ordnung und Gewichtung von Problemen und Themen anzupassen. Umweltpolitik, das ist das zwölfte oder 16. Ressort, dabei müssten Landwirtschaft, Verkehr, Energie und Umweltschutz schon längst in einem großen, gewissermaßen neo-klassischen Ministerium für Klima und Ökologie zusammengefasst werden. Eine ähnlich zentrale, vetobewehrte Funktion, wie sie in Deutschland etwa dem Bundesfinanzministerium zugebilligt wird, wurde in Koalitionsverhandlungen für das kümmerliche Umweltministerium bislang niemals auch nur erwogen. Aber warum hat das Finanzministerium diese Sonderrolle, wieso wurde als zusätzliche Sicherung gegen haushalterische Eskapaden sogar eine Schuldenbremse in die Verfassung gehoben? Weil im kollektiven Gedächtnis der Deutschen Verschuldung mit Inflation assoziiert wird und Inflation mit Massenarbeitslosigkeit und diese wiederum mit dem Anwachsen von Nazis und Kommunisten, und wie das in der Weimarer Republik endete, das ist ja bekannt ... In der Grammatik dieses neuen Jahrhunderts müsste dagegen eigentlich ein gegenüber den anderen Ministerien Veto-berechtigtes Ökologieministerium entstehen, mitsamt einer grünen Null im Grundgesetz, was bedeuten würde: null Emissionen, null zusätzlicher Flächenverbrauch, null weiteres Artensterben, und das alles als Verfassungsziel. Es geht beim Thema Ökologie eben längst nicht mehr um ein zusätzliches Politikfeld, sondern um die »Transformation des Politischen schlechthin«, wie es die Ökonomen Geoff Mann und Joel Wainright in ihrem Buch »Climate Leviathan« formulieren.

Zweiter Punkt: Besonderen Verdacht erregt die Klimakrise beim traditionellen Denken, weil es sich dabei um ein physikalisches Phänomen handelt, mithin eines, über das man nicht diskutieren kann. Darin liegt eine ungeheuerliche Provokation, weil in einer klassisch verstandenen Demokratie jedwedes Thema prinzipiell verhandelbar sein muss, alles andere wäre ideologisch. Die Situation, in der wir uns nun befinden, scheint mit diesem Verdikt auf den ersten Blick und Schreck unvereinbar. Zwar kann man sich in einer Demokratie darauf einigen, beispielsweise die Ziele des Pariser Abkommens zu halbieren. Man kann, weitere Variante, auch hervorragend darüber streiten, welche Methoden am besten zum Ziel führen, CO_2-Steuer oder autofreie Innenstädte oder was immer – man kann nur leider nicht darüber diskutieren, ob die Erde ihre Erwärmung zu stoppen habe oder nicht.

Nach dem Kompromiss sind eben immer noch Klima, Erde und Menschheit.

Man kann sich übrigens die Entscheidungen des britischen Unterhauses zum Brexit vor Augen führen, um zu verstehen, was geschieht, wenn sich die demokratischen Prozesse von den Realitäten ablösen: Das Parlament verfällt in Wunschdenken und verliert seine Würde. Und bei der Klimakrise gibt es keine langmütige EU, bei der man um Fristverlängerung bitten könnte.

Dritter Punkt: Die physikalisch-biologische Natur der Klimakrise und ihre bezwingende Beschreibung durch die Wissenschaft rufen bei vielen eine weitere der bekannten Assoziationsketten aus dem letzten Jahrhundert wach. Wer seine eigene Auffassung als Wahrheit darstellt, befindet sich schon auf dem halben Wege in die Diktatur. Tatsächlich haben beispielsweise die Kommunisten behauptet, ihre Ideologie sei eine Art universeller Wissenschaft, mittels derer die menschliche Geschichte sowohl verstanden wie prognostiziert wie auch gestaltet werden könne. Die Ökologie sagt aber von sich aus nichts über die Triebkräfte der menschlichen Geschichte, sie behauptet auch nicht, die *Ursache* von allem zu definieren, sondern lediglich das *Ergebnis* von all dem zu beschreiben, was die Menschen bisher mit der Natur angestellt haben. Die Ökologie nimmt für sich nicht in Anspruch, das Woher und das Warum der menschlichen Geschichte zu kennen, sondern verweist nur auf die umweltspezifischen Resultate und die höchstwahrscheinlich zu erwartenden

Folgen. Dass die Klimakrise im Reigen der Probleme und Widersprüche nun priorisiert werden muss, hängt keineswegs mit einem philosophischen Anspruch zusammen, sondern schlicht mit den politischen Versäumnissen der vergangenen drei Jahrzehnte. Das Unweigerliche, das sich mit naturwissenschaftlicher Unerbittlichkeit Entwickelnde der Klimakrise beleidigt gleichwohl den demokratischen Geist, für den die Zukunft immer offen und verhandelbar sein soll. Aber auch das ist eine Verwechslung: Die Zukunft ist durchaus offen, nur muss man etwas dafür tun, dass sie es bleibt.

Vierter Punkt: Kaum zu verstehen, für das vor der Jahrhundertwende geschulte Gemüt wahrscheinlich auch schwer zu ertragen ist die moralische Struktur der Klimakrise: der Größe der Katastrophe entspricht eine gleich große Schuld. Denn offenbar bewegt sich die Menschheit gerade auf eine große Katastrophe zu, die sich aus lauter lässlichen Sünden zusammensetzt: ein bisschen zu oft Auto gefahren da, eine Flugreise zu Ostern hier, ein neues Handy dort – und plötzlich ist die Erde kaum noch bewohnbar und Hunderte von Millionen verlieren ihre Heimat oder kommen gar um. Und das alles, ohne dass ein einziger Schuss gefallen wäre, ohne dass ein einziger großer Klimaverbrecher vor das Tribunal in Den Haag gebracht worden wäre. Die Unfähigkeit, die moralische Struktur der Klimakrise zu begreifen, führt regelmäßig dazu, dass entweder die Katastrophe kleingeredet wird, weil aus so harmlosem Alltagsverhalten gefälligst kein derart schreckliches Desaster erwachsen darf. Oder umgekehrt: Weil die Katastrophe real wahrscheinlicher wird, muss es sich beim Kauf eines SUV oder beim Flug nach Mallorca um einen verbrecherischen Akt handeln. Wenn man sich fragt, woher eigentlich diese ganze gegenseitige Anschreierei beim Thema Klima rührt, dann liegt hier die Antwort offen zutage: im überkommenen Moralproporz des 20. Jahrhunderts.

Fünfter Punkt: Die beiden großen und fürchterlichen Totalitarismen der Vergangenheit tragen ihren Namen deswegen, weil die jeweiligen Machthaber versucht haben, das Volk in seinem Denken und in seinem Alltag bis hinein in die Intimsphäre total zu kontrollieren und zu manipulieren. Hier liegt offenkundig eine Verwechslungsgefahr mit der Ökologie, jedenfalls wenn ein gewisses Verwechslungsbedürfnis hinzukommt. Denn tatsächlich ist die Klimakrise umfassend, sie betrifft *alle* Menschen und beinahe *alle* Bereiche des Lebens. Einige ihrer Ursachen liegen nicht nur in der öffentlichen Sphäre und in der Politik, sondern auch im privaten Alltag, wie gesagt: Das Politische ist intim. Nicht zuletzt ist auch wahr, dass sich der Lauf der Dinge nur noch in verträglichen Bahnen halten lässt, wenn sich die Politik insgesamt, aber auch das Verhalten der meisten Menschen relevant ändern. Dennoch ist das ökologische Denken durchaus nicht totalitär, sondern total, eben im Sinne von umfassend. Gleichwohl kann dieses Totale individualistisch und freiheitlich bewältigt und entschärft werden, totalitär wird die Klimaprävention nur in totalitären Staaten wie China oder wenn

Notmaßnahmen sich derart häufen, dass bei uns ein ökologischer oder postökologischer Notstandsstaat entsteht.

Bei all diesen Fehlversuchen, mit der Grammatik des 20. Jahrhunderts das zentrale Problem des 21. zu verstehen, handelt es sich durchaus nicht nur um Missverständnisse und Verwechslungen. So harmlos ist die Angelegenheit nicht. Vielmehr wird an diesen Fronten versucht, diejenigen mit den alten Straf- und Verdächtigungsmechanismen zu sanktionieren, die sich für eine ökologische Wende einsetzen. Alle ihre Forderungen, Äußerungen und Verhaltensweisen werden gewissermaßen unter den Ideologiescanner des 20. Jahrhunderts gelegt. Das ist als Teil der diskursiven Hygiene auch legitim – aber nur, solange es nicht die Auseinandersetzung mit den Realitäten in den Hintergrund drängt. Es genügt eben nicht mehr, eine denkbare Verbindung zwischen ökologischen Forderungen von heute und ideologischen Versatzstücken von gestern zu ziehen oder zu konstruieren, man muss dann auch sagen, wie die CO_2-Einsparung denn ohne beispielsweise »obrigkeitsstaatliche Bevormundung« gelingen kann. Es ist eine Illusion zu glauben, man hätte mit dem Widerlegen von Ökologen ökologisch schon irgendwas gewonnen.

Doch selbst wenn überhaupt keine bösen Absichten im Spiel sind, wirkt es sich fatal aus, wenn die Eliten fast ausschließlich auf alles fixiert sind, was sich mit dem einmal Gelernten erfassen und bewältigen lässt. Weil ihnen die Logik des vergangenen Jahrhunderts so vertraut ist wie

Kindern ihr Sammelalbum mit Fußballbildern, vermeiden sie am liebsten jene Zonen der Wirklichkeit, in denen diese mühsam erarbeitete Grammatik nichts hilft. Lieber passt man darum das materielle Problem namens Ökologie der politischen Methode an statt umgekehrt. Man muss sich heute einfach eingestehen, dass es intellektuell und moralisch oft bequemer ist, sich immer wieder mit den Schrecken des 20. Jahrhunderts und mit seinen Wiedergängern zu befassen als mit den teils ganz anders gearteten Schrecken, die in der nahen Zukunft drohen. Mit anderen Worten: Das 20. Jahrhundert wird gerade zur Komfortzone des 21.

Fatalerweise hat sich in den westlichen Staaten überdies eine starke autoritäre Bewegung gebildet. Ihre Renaissance stellt für die Liberalen – wenn man so will – die stärkste Verführung zum Gestern dar. Im Kampf gegen die Autoritären fühlt man sich wieder sicher.

Immerzu fragt sich derzeit die liberale Elite: Befinden wir uns gerade im Jahr 1914, am Vorabend des Ersten Weltkriegs, oder eher im Jahr 1933, kurz vor der Machtergreifung der Nazis, oder ist noch ein bisschen Zeit, weil wir gerade erst die Wiederkehr Weimarer Wirren erleben und das Schlimmste noch zu verhindern ist? Ist Trump vielleicht Mussolini? Aber nein, es ist weder 1914 noch 1933, wir befinden uns im Jahr 2019, und das ist beileibe schwer und interessant genug, ein durchaus abendfüllendes Programm, auch ohne eingespielte Schwarz-Weiß-Filme.

Kaum eine Einsicht steht heute so sperrig und unzugänglich in der deutschen Debatte wie diese: Den Kampf gegen die AfD gewinnt man nicht im Kampf mit der AfD. Sondern indem man die neuen Zukunftsfragen so groß adressiert, wie sie sind. Um hier noch einmal zu Peter Altmaier zurückzukommen: Ihm und der gesamten schwarz-roten Koalition der Mutlosigkeit bietet die erstarkende Rechte eine einzigartige Gelegenheit, sich der ökologischen Herausforderung nicht wirklich zu stellen. Weite Teile der deutschen Politik lassen sich dabei von folgendem Gedanken leiten: Klimapolitik könnte Arbeitsplätze kosten (was alles andere als zwingend ist, das Gegenteil könnte ebenso gut zutreffen), Arbeitslosigkeit könnte die Demokratie destabilisieren, also darf, nein muss man die Maßnahmen zum Klimaschutz möglichst unmerklich gestalten. Kein Gespräch über das Thema Mobilität und Klima kommt hierzulande ohne den Hinweis aus, dass 800 000 Arbeitsplätze von der Autoindustrie abhängen. Ohne Frage handelt es sich hier schlicht um Panikmache, weil natürlich durch keine irgendwie denkbare Emissionsverordnung binnen absehbarer Zeit jene notorischen 800 000 Arbeitsplätze vernichtet werden können. Zudem bewirkt die unablässige Wiederholung dieser magischen Zahl nicht bloß eine diffuse Angst, vielmehr setzt sie zuverlässig die bekannte und eingeübte Assoziationskette – Massenarbeitslosigkeit, Weimar, Drittes Reich – in Gang, sodass im Endeffekt der Kauf eines VW-Tuareg als vorauseilender Antifaschismus geadelt wird. Grammatik des 20. Jahrhunderts am Limit.

Und was geschah nun in der Lesart von Peter Sloterdijk im 20. Jahrhundert? Etwas ganz anderes, als den meisten einfallen würde: »Die unvermeidliche Ausbeutungsverschiebung des Fossil-Energiezeitalters hat ein neues Proletariat geschaffen, mit dessen Leiden die entlasteten Zustände im Wohlstandspalast ermöglicht werden. Das Hauptgewicht der aktuellen *exploitation* ist auf die Nutztiere übergegangen.« Selbstverständlich handelt es sich hier um eine der typisch sloterdijkschen Übertreibungen, erst recht, wenn er das quantitativ und qualitativ in der Tat exzessive Benutzen und Töten von Tieren in Beziehung setzt zu den »Holocausten der Nationalsozialisten, der Bolschewisten und der Maoisten«. Ausgebeutet wird immer noch in erster Linie der Mensch, und selbstverständlich macht es einen fundamentalen Unterschied, ob Millionen Tiere oder Millionen Menschen getötet werden. Dennoch legen Sloterdijks Formulierungen ein monströses Ausbeutungsverhältnis zweiten Grades frei, ohne welches das 20. Jahrhundert nicht zu verstehen ist, das aber hinter dem tatsächlichen Holocaust und den primären Ausbeutungsverhältnissen verborgen bleibt.

Dazu passt eine andere produktive Übertreibung, die ihrerseits das vergangene Jahrhundert auf eine Weise neu aufschließt. David Wallace-Wells, ein amerikanischer Wissenschaftsjournalist, dessen spektakuläres Buch »The Uninhabitable Earth« hier noch eine Rolle spielen wird, stellt die These auf, dass die enorme Explosion von Wohlstand und Macht, die jene einst sogenannte erste Welt im

19. und 20 Jahrhunderts erlebte, eine ganz andere Ursache hat, als wir uns angewöhnt haben zu glauben. Nicht die Erfindungen, nicht das Penicillin, das Fließband, der Kühlschrank oder die Kernspaltung seien die eigentlichen Fortschrittstreiber gewesen, sondern die Entdeckung und exponentiell wachsende Ausbeutung jener Energien, die von der Natur über Jahrmillionen geschaffen worden sind: Kohle, Öl und Gas. »*Fossiler Kapitalismus* – das, was wir als moderne Wirtschaft kennen, ist in Wirklichkeit ein rein fossil befeuertes System.« Eine These, so Wallace-Wells, die natürlich nicht Konsens sei, aber beileibe auch keine Spielerei vereinzelter akademischer grüner Exzentriker.

Man muss weder Sloterdijk noch Wallace-Wells mit ihren Ansätzen ganz folgen, dennoch eröffnen sie mit ihren alternativen Lehren aus der Vergangenheit den Blick auf die Größe und die Neuartigkeit dessen, was jetzt ansteht. Ganz ohne Übertreibung formuliert Sloterdijk das treffend so: »Dem überschäumenden Verschwendungsexpressionismus der gegenwärtigen Massenkultur werden auf lange Sicht die Voraussetzungen entzogen.«

Zu denken, das Ende des fossilen Zeitalters und der hemmungslosen Naturzerstörung sowie der Abschied von den grotesken Exzessen bei der Mobilität würden nichts Wesentliches ändern, wäre naiv. Das 21. Jahrhundert wird nicht das 20. auf solarer Basis sein, es wird vielmehr ganz anders sein.

In diesem Zusammenhang gehören auch drei weitere menschheitsneue Phänomene, die illustrieren, wie herausfordernd, aber auch wie aufregend und befreiend ein offener Blick auf Gegenwart und Zukunft sein kann:

1. Auf den ersten Blick vertraut wirkt ein Grundwiderspruch konservativen Denkens oder konservativen Sehnens: dass nämlich die Konservativen im postmodernen, hochmobilen Kapitalismus durch ihre eigenen Verhaltensweisen genau die gesellschaftlichen Auflösungserscheinungen mit schaffen, die sie in Momenten weltanschaulicher Erbauung beweinen. Also: die Verödung der Innenstädte beklagen, aber selbst im Supermarkt am Stadtrand einkaufen oder gleich bei Amazon bestellen. Die Auflösung traditioneller Familien bedauern, aber die Deregulierung des Marktes und die größtmögliche berufliche Flexibilität einfordern, die Familien auseinandertreibt. Für gewöhnlich wird dann von konservativer Seite so getan, als trennte nicht das Pendeln die Paare und als sprengte nicht die ausufernde Arbeitszeit Familien, sondern der libertäre Geist der Linken und Progressiven. Nicht die hohen Mieten in den Städten, die heikle Vereinbarkeit von Arbeit, Kindern und Leben gefährden die Institution der Ehe, sondern die Schwulenehe.

Dem fügt die Klimakrise nun eine weitere Dimension hinzu. Denn selbst da, wo Konservative in erster Ehe leben und beim Konsum um die Ecke ihre Lebensmittel kaufen, führt das bloße Beibehalten des eigenen Lebensstils zur allmählichen Zerstörung eben dieses Lebensstils. Wenn die CDU-Vorsitzende Annegret Kramp-Karrenbauer die Tradition des saarländischen Schwenkbratens gegen die neuen Zumutungen des Veganismus verteidigt, unterschlägt sie nicht nur, was die Produktion von billigem Fleisch für die gewohnte Fauna und Flora des Saarlandes bedeutet. Sie will damit außerdem vergessen machen, dass ohne eine grundlegende Wende bei der Ernährung und in der Landwirtschaft die gesamte deutsche »Heimat« in wenigen Jahrzehnten kaum mehr wiederzuerkennen sein wird. Die Tatsache, dass das schiere Beibehalten von Gewohnheiten zu fundamentalen Veränderungen führt, trifft den Konservatismus (und das konservative Bedürfnis in uns allen) ins Mark, ja es gefährdet seine aus dem vergangenen Jahrhundert überkommene Existenzweise. Denn nun muss sich der Konservatismus entscheiden: Entweder er beschließt, zu ändern, um zu erhalten, was ist – oder aber er wendet sich aggressiv gegen den Naturerhalt, deutet ihn um als Zumutung abgehobener Liberaler oder verweichlichter Städter und wird so reaktionär. Das unschuldige Kreisen des Schwenkgrills jedenfalls kann künftig nicht mehr garantiert werden.

2. Das massenhafte Fleischessen ist bisher schon in der Kritik, weil es den CO_2- und Methan-Ausstoß erhöht und dazu beiträgt, dass die als Kohlendioxidsenke dienenden Regenwälder für das Tierfutter weiter abgeholzt werden. Doch noch etwas anderes ist geschehen, was es in der Geschichte der Menschheit bisher nicht gab: Für Hunderte von Millionen Menschen wäre es jederzeit möglich, gut

und gesund zu leben, ohne Tiere zu töten oder zu benutzen. Heute können große Teile der Menschheit vegan (vegetarisch sowieso) und zugleich »normal« leben, man muss dafür weder ein indischer Fakir noch ein buddhistischer Mönch oder ein verschrobener englischer Adeliger sein, man muss nicht einmal am Prenzlauer Berg wohnen, sondern kann es in seinem ganz gewöhnlichen Alltag einfach tun. Wenn das aber möglich ist – ist es dann nicht auch geboten?

Man kann diese Frage verschieden beantworten, was aber nichts daran ändert, dass es eine neue Frage ist, die erst einmal im Raum steht. Zumindest die alte Begründung dafür, dass Menschen Fleisch essen und Kälbern die Muttermilch wegtrinken, gilt nicht mehr: Ich tue es, weil ich es muss; ich nehme Leben, um leben zu können. Man kann diesen moralisch neuen Tatbestand als Befreiung ansehen, weil er den Alp des Töten-Müssens in gewissem Maße von einem nimmt – oder als Bedrohung, weil er eine Gewohnheit in Zweifel zieht, die man bis vor Kurzem noch für eine Grundbedingung der eigenen Existenz halten konnte. Doch muss man ziemlich laut schreien, um diese bohrende Frage nach der Legitimation des Tötens nicht zu hören. Das Töten von Tieren grundsätzlich abzulehnen, das erscheint jedem instinktiv als ein starkes moralisches Urteil, doch heute ist klar: Das Töten von Tieren legitim zu finden ist ebenfalls ein sehr starkes moralisches Urteil. Und mindestens ebenso schwer zu begründen. Wie so oft fungiert der Klimawandel bei der ethischen Neukartierung des Fleischkonsums als Katalysator, er hat dieses Neue nicht geschaffen, sondern nur hervorgetrieben. Aber nun ist es da und wird auch nicht wieder vergehen.

3. Letzthin hat eine Debatte ihre Renaissance erlebt, die in den 60er-Jahren schon einmal geführt wurde: es geht dabei um die Reichweite menschlicher Moral, darum, wo das Gebot der Nächstenliebe oder der Solidarität endet. Der konservative Philosoph Arnold Gehlen veröffentlichte 1969 seine Aufsatzsammlung »Moral und Hypermoral«. Dort argumentiert er gegen die Idee der sogenannten Fernstenliebe, er nennt es »die zur ethischen Pflicht gemachte unterschiedslose Menschenliebe«. Aus seiner Sicht führt die Überdehnung des karitativen Anspruchs zur Heuchelei, zu einer folgenlosen Großmoral, bei der es nicht darauf ankommt, was ethisch geboten und praktisch angemessen ist, sondern nur, wer sich ihrer bemächtigt. Selbstverständlich hat er bei Letzterem all jene in Verdacht, die angeblich ein nicht produktives, parasitäres Leben führen: Lehrer, Professoren und – selbstredend – Journalisten. Kein Wunder also, dass diese Debatte im Zuge der Flüchtlingskrise wieder aufkam.

Mit dem Klimathema erfährt diese Argumentation indes noch einmal eine ganz andere Wendung. In den 60er-Jahren kam der Anspruch der Fernstenliebe überhaupt nur auf, weil durch Fernsehen und Radio, durch die rasche Globalisierung der Öffentlichkeit Not erfahrbar und sichtbar wurde, mit der die deutschen Zuschauer möglicherweise ursächlich gar nichts zu tun hatten, die sie aber gleichwohl berührte. In diesen Widerspruch hinein agierte die Fernstenliebe oder, in Gehlens Lesart, »die Ideologie von der substanziellen Gleichheit aller Menschen«.

Die kollektiv (wenn auch nicht von allen im gleichen Maße) verursachte Klimakrise mit ihren Folgen für alle (wiederum nicht in gleichem Maße) führt nun allerdings dazu, dass die Begriffe »Fernstenliebe« und die daraus abgeleitete »Hypermoral« gegenstandslos geworden sind. Denn das, was die Weltöffentlichkeit und die, wenn man so will, Weltwissenschaft uns da an Nöten präsentieren, findet weder ausschließlich in der Ferne statt noch haben wir mit den Ursachen nichts zu tun. Die Fluten von Mozambique werfen dabei nicht bloß moralische, sondern physikalische Fragen nach unserer Mitverursachung auf.

Als Anfang dieses Jahres der zweijährige Julen im Süden Spaniens in ein tiefes Bohrloch gefallen ist, da bewegten sein Schicksal und die verzweifelten Rettungsversuche die deutsche Öffentlichkeit zwei Wochen lang zutiefst. Nur die Frage, warum da überhaupt dieses offene Loch war, wurde zunächst lediglich am Rande behandelt. Der Hintergrund ist aber der: In Spanien gibt es etwa eine Million illegal gebohrter Löcher. Dort suchen Bauern nach Wasser, weil die – unter anderem deutsche – Nachfrage nach spanischem Obst und Gemüse so groß ist, dass es die Kapazitäten des trockenen spanischen Südens bei

Weitem übersteigt. Legal lässt sich nicht genug Wasser beschaffen, um die endlosen, mit Plastikplanen überzogenen Felder Andalusiens zu bewässern, daher all die wild angelegten Löcher, in denen regelmäßig Menschen und Tiere verschwinden. Um es kurz zu sagen: billige Erdbeeren hier – und verschollene Menschen in Spanien, so was kommt von so was. Es geht also bei diesen existenziellen Fragen von Klima oder auch Ernährung um etwas moralisch viel Simpleres, um etwas viel weniger Streitiges als die Fernstenliebe. Die entsprechende Regel ist intellektuell anspruchslos und furchtbar einfach zu formulieren: Unsere moralische Verantwortung reicht so weit wie unsere Wirkungen. Wir tragen Verantwortung für das eigene Handeln. Dessen Folgen für andere und einen selbst sind zu bedenken. Man nennt es auch: Erwachsensein.

Mit der Klimakrise werden die Menschen in existenzieller und ganz praktischer Weise in Beziehung zueinander gesetzt und so auf neuer Stufe vermenschheitlicht. All dies kann einem gefallen, weil da ein altes Ideal zur Realität wird – oder übel aufstoßen, weil man in diesem engen Raum gegenseitiger Verantwortung Atemnot bekommt. Doch wird auch dieser neue Aggregatzustand von Menschheit nicht so leicht wieder verschwinden.

Die Frage, was geschah im vergangenen, im gewissermaßen auch unvergänglichen Jahrhundert, definiert bis heute, was diese Gesellschaft auf keinen Fall wieder will.

Sie hat also ihre Funktion, wird aber unablässig dafür missbraucht, die viel wichtigere Frage abzuwehren, die da heißt: Was geschieht im 21. Jahrhundert? Und vor allem: Was soll geschehen?

5. Radikaler Realismus, mürbe Mythen

»Das Böse ist immer nur extrem, aber niemals radikal,
es hat keine Tiefe, auch keine Dämonie. Es kann die ganze
Welt verwüsten, gerade weil es wie ein Pilz an der Ober-
fläche weiterwuchert. Tief aber und radikal ist immer nur
das Gute.«   Hannah Arendt

Der Klimawandel ist vermutlich die größte Bedrohung,
der die Menschheit jemals ausgesetzt war, und dennoch
wirkt sie bei Weitem nicht so bedrohlich, wie sie ist, jedenfalls dann nicht, wenn man sich auf historisch überlieferte
Gefahrenerkennung beschränkt. Die Krisen und Gefahren
der menschlichen Geschichte waren immer krass, waren
immer laut, immer abgehoben vom Hintergrund. Nicht so
der Klimawandel. Geoff Mann und Joel Wainwright beschreiben dieses Phänomen in »Climate Leviathan«. »Die
größten Ereignisse haben ihr eigenes Geräusch, einen
schrillen Schrei des Notfalls. Aber weil hier die Hinter-
grundgeräusche schließlich der latente Notfall *sind,* ist der
wahre Ton des Klimawandels noch nicht richtig gehört
worden.« Der Klimawandel ist eine Herausforderung nicht
nur des Problem-Lösens, sondern des Problem-Fühlens.
Und selbst wenn die Erkenntnis einmal stattgefunden hat,

so bleibt sie nicht von sich aus stabil. Zu groß ist, was wir da jonglieren müssen, und zu klein ist es obendrein. Zeit für eine didaktische Intervention der Volkspädagogen?

Noch immer ist es unter den politischen und medialen Eliten üblich, darüber zu reden,»was man den Leuten zumuten kann«. Natürlich wird da nichts abgesprochen im Sinne einer Verschwörung gegen das Volk, eher handelt es sich um eine informelle gemeinsame Haltung *für* das Volk. Bei diesem Paternalismus handelt es sich um ein fernes Echo aus jener Zeit, da die deutschen Eliten von den Besatzungsmächten Lizenzen für Zeitungen und Rundfunksender bekommen haben, damit sie das gefallene Volk zu seinem besseren Selbst führen. Das hatte ohne Zweifel alles seine guten Gründe, die im Laufe der Jahrzehnte zwar schwächer geworden sind, aber nicht ganz verschwunden sein dürften. Spöttern fällt dazu allerdings gleich die alte Frage von Karl Marx und Friedrich Engels aus den Feuerbachthesen ein:»Wer erzieht den Erzieher?« Und in der Tat: Was zeichnet die Eliten denn wohl gegenüber dem Volk so kategorial aus?

Doch unabhängig davon, ob man jenen zumeist sanften, gutwilligen Eliten-Paternalismus heute noch sinnvoll und legitim findet – er funktioniert einfach nicht mehr. Während Teile der Eliten immer noch so tun, als könnten sie hinter einem schweren Vorhang flüsternd untereinander besprechen, wie viele Wahrheiten etwa über die Klimakrise denn nun kommuniziert werden sollten, um das Volk nicht zu verstören, hören in Wirklichkeit schon alle mit. Der Vorhang ist gefallen, Politik und Medien haben ihr Privileg als Gatekeeper des Statthaften und als Schleusenwärter der Wahrheit eingebüßt, nicht zuletzt weil das Internet beständig ungeordnete, unmoderierte Informationen und Desinformationen unter die Leute bringt. Rezo lässt grüßen …

Politik und Medien können also nicht mehr in gewohntem Maße darüber wachen, welche Fakten die Menschen erreichen. Was sie jedoch nach wie vor beeinflussen können, das ist die Struktur der öffentlichen Debatte. Bei Klima und Ökologie gelingt es ihnen bis dato immer wieder, die Größe der Gefahr an die Peripherie der Aufmerksamkeit zu drängen. Dies geschieht in erster Linie dadurch, dass die Politik bestimmte Themen nicht ins Zentrum rückt, weshalb Journalistinnen und Journalisten die Wirklichkeit oft auch nicht ihrer faktischen Größe und Dringlichkeit nach sortieren, sondern danach, wie vermeintlich politisch bekömmlich sie ist. Ein gewisses Defizit bei den klimapolitischen Grundkenntnissen unter den Journalisten tut – darauf hat Luisa Neubauer, gewissermaßen die deutsche Greta Thunberg, in einem *ZEIT*-Artikel hingewiesen – ein Übriges. Wenn alle politischen Journalisten auch nur halb so viel über das Klima wüssten wie über den Nahost-Konflikt, dann wäre die deutsche Öffentlichkeit auch schon auf einem anderen Level. Aber Nahost, das war halt in der Grammatik des 20. Jahrhunderts ein unabdingbarer Bestandteil.

Ohnehin ist es bei vielen Medien keineswegs so, dass

sie stets alles versuchen, um der Marginalisierung existenzieller Probleme entgegenzuwirken, oftmals helfen sie
sogar dabei mit, indem sie bestimmte Fragen nicht oder
sehr selten stellen. So haben die meisten Hauptstadt-Jour-
nalisten beispielsweise keinerlei Hemmungen – durchaus
auch in forciertem Ton –, danach zu fragen, wann die
Bundesregierung denn bitte ihrer Verpflichtung nachkom-
men wolle, den Verteidigungshaushalt auf zwei Prozent
des Bruttoinlandsprodukts zu steigern. Oder wie denn der
Finanzminister Olaf Scholz seine stabile Rente bis 2040
genau zu finanzieren gedenke. Andere Fragen kommen
hingegen selten auf, wie zum Beispiel diese: »Wie kann
der Flächenverbrauch in Deutschland beendet werden?«
So eine Frage würde den stillen Konsens gefährden, der
da lautet: Das Artensterben nehmen wir stillschweigend
in Kauf, genauso den Flächenverbrauch. Und die Frage,
ob es legitim sei, dass in Deutschland zwei Millionen Tiere
pro Tag geschlachtet werden, ist einfach zu heikel geworden, jeder weiß oder ahnt doch: Darauf gibt es keine gute
Antwort. Und erst recht nicht auf die Frage: »Wie wollen
Sie die Ausrottung von immer mehr Arten in Deutschland gegenüber der jüngeren Generation rechtfertigen?«
So bildet sich ein *cordon sanitaire* um die heikelsten Fragen. Da die Menschen dennoch von den entsprechenden
Informationen beeinflusst werden, entsteht ein kommuni-
kativer Kriechstrom, der die öffentliche Atmosphäre unter
Spannung setzt.

Zonen des Unaussprechlichen sind jedoch nur die eine

Variante, sich gegen Wirklichkeit zu wehren, die andere ist strategische Vagheit. Es kann angesichts der verqueren öffentlichen Debatten und einer derart ausgefeilten Kultur wissender Ignoranz nicht überraschen, dass sich rund um das Thema Klima regelrechte Mythen herausgebildet haben.

Mythos eins: Es geht um Eisbären

Der Eisbär avancierte aus zwei guten und zwei schlechten Gründen zum Wappentier des Klimawandels. Die guten: Er ist ein imposantes, schönes und schnelles Tier, und der Klimawandel bedroht schon jetzt seinen Lebensraum, er ist also ein durchaus passendes Symbol. Die schlechten: Der Eisbär ist weit weg – und er ist ein Tier. Doch es geht bei den Folgen der Erwärmung schon längst um ein ganz anderes Säugetier – den Menschen.

Die Münchener Rückversicherung (Munich Re), um ein Beispiel aus der Wirtschaft zu wählen, interessiert sich weniger für Eisbären, dafür aber sehr detailliert für die ökonomischen Folgen, die der Klimawandel für den Menschen hat. Und für seine Versicherungen. Auch dies tut die Munich Re nicht ausschließlich aus Menschenfreundlichkeit, sondern weil sie die Versicherung der Versicherungen ist und dann einspringen muss, wenn die Schadensfälle die Möglichkeiten der gewöhnlichen Versicherungen übersteigen. Ernst Rauch, ihr Klimaexperte, weist alle Versuche, klimatische Fakten durch weltanschauliche Kunststücke zum Verschwinden zu bringen, zurück:»Die Phänomene, die wir beobachten, sind Physik und nicht irgendetwas, das man in die ideologische Welt projizieren kann.« Er fordert darum im Interesse seines Arbeitgebers:»Wir müssen ungefähr in der Mitte dieses Jahrhunderts bei null Emissionen angekommen sein. Sonst kann es keine Trendumkehr geben.« Die Munich Re will, so kann man das interpretieren, eine Welt erhalten, in der sie nicht an den Rand ihrer eigenen finanziellen Möglichkeiten gerät.

Die Weltbank, auch kein Umweltschutzverein im engeren Sinne, rechnet bis 2050 mit über 140 Millionen Klimaflüchtlingen. Und der so minimal erscheinende Unterschied zwischen einer Erwärmung um 1,5 und einer um zwei Grad bedeutet nach deren Schätzungen für die Menschen aller Voraussicht nach: 150 Millionen Tote mehr durch die damit einhergehende Luftverschmutzung. Wenn sich unser Planet um zwei Grad Celsius erwärmt, leiden demnach doppelt so viele Menschen unter Wasserknappheit wie bei 1,5 Grad, die zusätzliche Erwärmung würde mehr als 1,5 Milliarden Menschen extremen, oft tödlichen Hitzeperioden aussetzen sowie Hunderte Millionen Menschen mit ansteckenden Krankheiten wie Malaria bedrohen.

Doch auch kulturell hätte die vermeintlich maßvolle Erwärmung einschneidende Folgen, so könnte etwa der Hadsch, die den Muslimen vorgeschriebene Pilgerfahrt nach Mekka, kaum noch stattfinden, weil die extreme Hitze in Saudi-Arabien dies nicht mehr zuließe.

Oder ein weiterer Klimaschaden für die säkulare

Glückssuche, den Genuss-Hadsch: Steigt der Meeresspiegel um ein bis zwei Meter, so hätte das zur Folge, dass es auf der ganzen Welt fast keine Strände mehr gäbe, weil sie unter Wasser geraten sind und das Meer Tausende Jahre braucht, um sie neu zu bilden. Immerhin fielen dann Millionen Flugreisen an die obligatorischen »Traumstrände« aus. Auch die Salzwiesen des Naturwunders Wattenmeer würden verschwinden und mit ihnen 1500 bis 2000 Insektenarten.

Man muss sich bei all diesen Zahlen vor Augen halten, dass die im Pariser Abkommen zugrunde gelegten zwei Grad Erwärmung nur dann eine realistische Chance haben, wenn sich die Staaten an ihre Zusagen halten, was in den ersten Jahren nach Paris 2015 fast nirgends der Fall war. Kein Wunder: Schließlich handelt es sich um die größte gemeinsame Tat, die sich die Menschheit jemals vorgenommen hat. Menschheit, Menschheitspolitik, das muss noch eingeübt werden.

Mythos zwei: Es findet woanders statt

Deutschland wird unter der Erwärmung bei Weitem nicht so leiden wie Bangladesch oder die Subsahara, Hamburg wird wahrscheinlich nicht unter Wasser stehen und ein Spaziergang im Freien wird in Mitteleuropa nur für Alte und Kranke des Öfteren tödlich enden, verdursten wird auch selten jemand. Jedoch vergleichen sich die Deutschen seit jeher nicht mit armen Ländern, das Maß für ihre Lebenszufriedenheit liegt nicht am Äquator, sondern in dem, was man so sehr gewohnt ist, dass man darauf einen Anspruch zu haben glaubt.

Daran gemessen wird die Klimakrise auch Deutschland schwer treffen. Zum Beispiel wird Hamburg nur deswegen nicht unter Wasser geraten, weil dieses Land sich die entsprechenden Milliardeninvestitionen für Dämme und Wehre leisten kann (die dann aber im Verteidigungshaushalt oder im Sozialbudget fehlen). Durch heftigere Winde werden Sturmfluten an der Nordsee künftig stärker ausfallen. Zusammen mit dem Meeresspiegel-Anstieg könnten sie in der Deutschen Bucht bis Ende dieses Jahrhunderts um 30 bis 110 Zentimeter höher auflaufen. Die deutschen Küsten werden also hohe Mauern brauchen.

Nicht zu retten sind die in Deutschland am häufigsten vorkommenden Bäume, die Fichten. Sie können lange Hitzeperioden kaum überstehen und fallen als leichte Beute dem Borkenkäfer zum Opfer. Das kann mal einen Sommer gut gehen, aber eben nicht auf Dauer. Hitzeperioden wie die im Sommer 2018 werden jedoch keine Ausnahme mehr bilden, sie werden vielmehr zur Regel. In einem Interview mit der *ZEIT* sagte der Meteorologe Karsten Schwanke voraus: »Steigt die durchschnittliche Temperatur der Erde weiter wie prognostiziert an, müsste man 2050 alle zwei Jahre mit einer solchen Wetterlage rechnen (…). Selbst wenn dies nicht ganz genau so eintreten würde wie berechnet, steht fest: Dürreperioden im Sommer werden in unseren Breiten zunehmen.« Er bezieht sich dabei auf eine Studie des britischen Wetterdienstes darüber, wie sich die Wahrscheinlichkeit solcher Extremwetterphasen entwickelt hat: Um 1900 betrug die Wahrscheinlichkeit demnach eins zu 245, heute eins zu acht und in 30 Jahren eins zu zwei.

Diese andauernden Hitzesommer werden der Land- und der Forstwirtschaft massiven Schaden zufügen, es wird Konflikte um Schadensersatz geben, so erbittert, dass sie klassische Tarifkämpfe in den Schatten stellen könnten. Die Schuldfrage wird dann nicht mehr in den Feuilletons und auf Twitter abgehandelt, sondern vor Gericht. Deutschland wird, wie andere reiche Länder, auch das Bruttoinlandsprodukt auf zweierlei Weise berechnen müssen, weil es in der bisherigen Form nichts darüber auszusagen vermag, ob es sich um das Mehren von Wohlstand handelt oder bloß um die Beseitigung und Linderung von Klimafolgen. Man braucht künftig ein Wohlstands-BIP und ein Notstands-BIP. Die Frage, ob Ökologie und Wachstum vereinbar sind, verliert angesichts eines künftig de facto gespaltenen Bruttoinlandsprodukts an Bedeutung, es wird wohl weiter Wachstum geben, es wird sich nur nicht so anfühlen, und es wird auch nicht mehr als das Luftkissen fungieren können, auf dem die Gesellschaft einigermaßen reibungslos in die Zukunft gleitet.

Viele deutsche Gewohnheiten werden sich angesichts der absehbaren Erwärmung ändern. Die Gletscher in den deutschen Alpen dürften bei einer weiteren Erwärmung noch schneller abschmelzen als bisher, bis 2100 könnten sie komplett verschwunden sein. Skiferien im Februar, in den Flieger nach München, dann in die Berge, Skipass kaufen, los geht's – auch das dürfte ein endliches Vergnügen werden. Wohl dem, der dann einen Helikopter hat und die Gletscherreste direkt ansteuern kann!

Selbstverständlich steht diese Aufzählung nur für einen kleinen Teil der Klimafolgen, die auf Deutschland zukommen. Insgesamt werden die Veränderungen so umfassend, dass sich die ökonomische und soziale Struktur Deutschlands verändern wird, und das immerhin so drastisch, dass die Deutschen einander und ihrer Heimat fremder werden. Es sei denn, sie wählen doch noch die andere Alternative, indem sie es sich zur gemeinsamen Aufgabe machen, den Klimawandel zu bremsen und die Naturzerstörung insgesamt zu beenden. Das gehört übrigens auch zu den künftigen Realitäten: Wer eine Natur schützen und erhalten will, die durch den Klimawandel bereits unter extremem Stress steht, der muss darüber hinausgehende Eingriffe und Belastungen, die uns heute selbstverständlich erscheinen, auf null zurückfahren.

Mythos drei: Es geht langsam

»The Uninhabitable Earth« von David Wallace-Wells beginnt mit folgendem Satz: »Es ist schlimmer, viel schlimmer, als Sie denken. Die Langsamkeit des Klimawandels ist ein Märchen, vielleicht eines, das noch schädlicher ist als das, welches sagt, es gibt ihn überhaupt nicht.« Rasend schnell verläuft der Klimawandel in mehrerer Hinsicht, zum einen geologisch, weil es eine derart rasche Erwärmung in der Erdgeschichte noch nie gegeben hat. Doch auch mit Blick auf die menschliche Geschichte ist das, was die Menschen gerade anrichten, präzendenzlos: Wir fügen der Atmosphäre schneller Kohlenstoff zu als je zuvor, mehr als 100-mal so schnell wie zu irgendeinem anderen Zeitpunkt der Menschheitsgeschichte vor der industriellen Revolution. Nicht bloß die Steigerungsrate ist dabei buchstäblich atemberaubend, sondern auch der kumulative Effekt, also das, was sich mittlerweile in der Atmosphäre angesammelt hat – nämlich mehr parts per million Kohlenstoff als in den 800 000 Jahren zuvor.

Erdgeschichtlich verlief es rasant, menschheitsgeschichtlich ging es schnell – und doch ist beides relativ harmlos, gemessen an dem, was in Zukunft geschehen muss, damit die Dinge nicht völlig außer Kontrolle geraten: der völlige Ausstieg aus der fossilen Wirtschaft, das Ende des anthropogenen Kohlendioxidausstoßes binnen weniger Jahrzehnte. Wer stark beschleunigt, muss umso härter bremsen. Zu dieser Logik gesellt sich noch eine andere, man könnte sie den klimatischen Jetlag nennen. Wenn nämlich hier von möglichen Auswirkungen der Klimaerhitzung für das Jahr 2100 die Rede ist, so bedeutet das keineswegs, dass erst dann gehandelt werden könnte oder müsste. Die Erwärmung der Erde hat sozusagen immer einige Jahrzehnte Verspätung, wir machen mit unseren Emissionen jetzt das Klima von 2050 und 2050 das von

2100. Zusätzliche 0,5 bis 0,75 Grad Erwärmung bis 2050 sind deshalb jetzt schon durch die Partikel vorprogrammiert, die bereits in der Luft sind.

Mythos vier:
So schlimm wird es schon nicht kommen

Die Klimawissenschaft steht heute unter verschärfter Beobachtung, berechtigterweise, denn von ihren Prognosen hängt sehr viel ab, ganze Volkswirtschaften werden (möglicherweise) umgesteuert, Milliarden Menschen müssen ihre Gewohnheiten ändern. Dieser im Prinzip gesunde Druck hat dazu geführt, dass der Klimarat zu eher konservativen Prognosen neigt, schließlich möchte man sich als Wissenschaftler nicht der Panikmache bezichtigen lassen. Die Klimaforscher Stefan Rahmsdorf und Hans Joachim Schellnhuber gehen in ihrem Buch »Klimawandel« so weit, über die wissenschaftlichen Voraussetzungen des Pariser Klimaschutzvertrages zu sagen: »So sehr man sich ein wenig Hoffnung auf vollständige Umsetzung des Pariser Vertrages wünscht, muss man sich doch fragen, ob der Report des Weltklima-Rates nicht Züge eines Gefälligkeitsgutachtens trägt.« Folgerichtig finden sich weniger optimistische Prognosen, die dem allgemeinen Tenor widersprechen, eher im Kleingedruckten oder werden meistens leise vorgetragen, manch eine Befürchtung wird sogar nur unter »Eingeweihten« ausgesprochen, gewissermaßen nur von Klimaforscher-Mund zu Klimaforscher-Ohr.

Derlei Zurückhaltung hat taktische, didaktische und politische Gründe, aber nicht nur. Auch wissenschaftlich lassen sich die Punkte, an denen Systeme kippen und es einen Klimaschub gibt, ebenso schwer vorhersagen, wie sich die Schwellen terminlich markieren lassen, hinter denen es keine Rückkehr mehr gibt. Logischerweise können erst recht die Wechselwirkungen verschiedener möglicher Tipping-Points untereinander nicht exakt beschrieben werden. Die Klimakrise als solche ist einfach zu verstehen, die Basisfakten sind klar, doch dahinter tut sich eine Zone mittelmäßig gesicherten Grauens auf.

Allerdings steigt die Wahrscheinlichkeit, dass diese Kipppunkte durch weitere Erwärmung erreicht werden, mit jeder Stelle hinter dem Komma. Ohnedies erwecken die Gradzahlen in ihrer dezimalen Harmlosigkeit den falschen Eindruck, es handele sich um graduelle Unterschiede. Das ist nicht der Fall, eher sind die Wirkungen exponentiell, wenn die Atmosphäre sich um drei, vier oder gar fünf Grad erwärmt. Doch genügt wahrscheinlich schon ein knappes Verfehlen der Pariser Klimaziele, um die fatale Logik in Gang zu setzen: »Der Kipppunkt für den Kollaps dürfte nach Auskunft jüngerer Studien bei zwei Grad liegen; und sogar eine rasche Verringerung von Kohlendioxid könnte uns bis zum Ende des Jahrhunderts zu diesem Punkt der Erwärmung bringen«, so schreibt der erwähnte Wallace-Wells.

An einem dieser Kipppunkte befinden sich die Arktis und die Antarktis. Die dortigen Eisflächen haben für die

Stabilität des Klimas vielfältige Funktionen. Eisflächen sind weiß, und weiße Oberflächen spiegeln Sonnenstrahlen. Die dunkleren Flächen, die durch das Schmelzen der Eisflächen freigelegt werden, absorbieren das Licht, ein viel größerer Anteil der Wärme-Energie der Sonnenstrahlen bleibt der Erde infolgedessen erhalten, was zu zusätzlicher Erwärmung führt. Zum anderen halten Arktis und Antarktis gigantische Mengen von Wasser zurück, das andernfalls den Meeresspiegel drastisch steigen ließe, aber auch das Meer so erwärmte, dass es weniger CO_2 absorbieren könnte. Zum Dritten, dies gilt für die Arktis, hält das »ewige« Eis dort den Golfstrom in Gang, dessen Versiegen oder auch nur weitere Verlangsamung dramatische Folgen für das Klima in Europa (kälter) und im karibischen Meer hätte (noch heißer).

Nach gegenwärtigen Erkenntnissen kann aber schon eine Zunahme des globalen Mittels der bodennahen Lufttemperatur von mehr als 1,9 Grad Celsius gegenüber den vorindustriellen Werten zum fortwährenden Abschmelzen der Polkappen führen. Falls diese Prozesse – größere Eismassenverluste bei weniger Schneefall – in den kommenden Jahrhunderten anhalten, rechnen die Forscher mit dem vollständigen Abschmelzen des grönländischen Eisschildes und einem daraus folgenden Anstieg des Meeresspiegels um bis zu sieben Meter – mit unausdenkbaren Folgen. Kurzum: Das Abschmelzen der Polkappen beschleunigt das Abschmelzen der Polkappen.

Ein weiterer wahrscheinlicher Tipping-Point sind die Permafrostböden vor allem im Norden Russlands und Kanadas, in denen gigantische Mengen Methan eingefroren sind. Dieses Gas hat die 25-fache Klimawirkung von Kohlendioxid, aber das ist nur eine Seite des Problems, die andere ist politisch schicksalhaft: Denn die weitere Emission von CO_2 hat der Mensch noch in der Hand. Wenn aber erst einmal so viel Methan freigesetzt wurde, dass die Atmosphäre sich spürbar erwärmt, was weiteres Schmelzen und weitere Freisetzung von Methan zur Folge hat – dann ist ein Kreislauf in Gang gesetzt, in den der Mensch nicht mehr eingreifen kann.

Schließlich die Regenwälder, deren Bedeutung für das Klima der von Arktis und Antarktis gleichkommt. Eine globale Erwärmung zwischen zwei und drei Grad Celsius, fortgesetzte Rodungen und die weitere Ausbreitung von Straßen, Sojafeldern und Weideflächen für Rinder könnten schon bis 2050 zur Austrocknung von 40 Prozent des Amazonas-Regenwaldes führen. Einige Klimamodelle ergeben einen vollständigen Zusammenbruch des Waldes in diesem Jahrhundert, was eine massive Zunahme der atmosphärischen Kohlendioxid-Konzentrationen zur Folge hätte und damit eine erhebliche Verstärkung der globalen Erwärmung. Was wiederum die Arktis schneller schmelzen und mehr Methan aus dem Permafrost entweichen ließe. Und so weiter. Wir stoppen an dieser Stelle.

Mythos fünf:
Ohne Klima wäre alles halb so schlimm

Tatsache ist, dass die Erwärmung der Erdatmosphäre so gut wie alle anderen ökologischen Probleme verschärft. Beispielsweise lässt der hohe CO_2-Gehalt in der Luft die Meere saurer werden, was sich dramatisch auf die Korallenriffe auswirkt, die aber als Kinderstube Tausender Fischarten fungieren. Die sowieso schon überfischten Meere verlieren damit ihre Fähigkeit, ausgleichend auf das Klima zu wirken. Die steigenden Temperaturen setzen auch die dort lebenden Pflanzen und Insekten und damit die Artenvielfalt in den ohnehin gequälten Regenwäldern unter Stress. Art für Art, Biotop für Biotop: Sie werden unter den katalytischen Effekten des Klimawandels leiden.

In der Öffentlichkeit und in der Wahrnehmung vieler Menschen bewirkte das Thema Klima hingegen das Gegenteil: Es hat die anderen ökologischen Krisen eher zugedeckt, die meiste Aufmerksamkeit richtete sich auf Klimakonferenzen und globale Effekte der Erwärmung. Doch auch ohne Treibhauseffekt wäre die ökologische Krise existenziell. Dazu ein paar Beispiele:

Der Batrachochytrium dendorobatidis, kurz Bd, ist ein Pilz, der Frösche, Kröten, Salamander und andere Amphibien befällt. Er zersetzt ihre Haut und führt zum Herzstillstand. Nach neueren, in der Zeitschrift *Nature* veröffentlichten Untersuchungen hat er zwischen 1965 und 2015 den massiven Rückgang von 501 Amphibienarten bewirkt, das sind 6,5 Prozent aller auf der Welt existierenden Arten. Mittlerweile hat sich der Pilz in den USA, Südamerika, Australien und Asien verbreitet und kommt auch in Europa vor.

Bei seiner Welteroberung hilft Bd vor allem die Globalisierung, also der intensive Austausch von Waren, Nahrungsmitteln und von exotischen Haustieren. Und natürlich der Tourismus.

Die sogenannte Weißnasenkrankheit, aus Asien in die USA eingeschleppt, hat schon Hunderttausende Fledermäuse dahingerafft. Die afrikanische Schweinepest transportierten Lkw-Fahrer nach Europa, wo sie jetzt die Mastschwein-Industrie bedroht.

Bd, afrikanische Schweinepest, Weißnasen-Pilz – die Erde wächst biologisch zusammen. Wo früher fünf Kontinente waren, da ist bald – ökologisch betrachtet – nur noch einer. Ein neues Pangaea entsteht, so nannte man den letzten Superkontinent. Diese Entwicklung hat einige dramatische Effekte, nicht nur bezogen auf die Verbreitung von Viren und Pilzen. Vielmehr setzt Artenvielfalt Trennung voraus, sie braucht natürliche Barrieren gegen Eindringlinge, die ansonsten einheimische Arten vernichten.

In Deutschland, wo man sich zugutehält, dass die Flüsse sauberer geworden sind und in einigen Gegenden auch die Luft, schreitet die Naturzerstörung jenseits der Klimakrise ebenfalls voran. »Aus Daten bundesweiter Erfassungsprogramme für den Zeitraum von 1992 bis 2016 geht hervor, dass der Bestandsrückgang von Vogelarten besonders in der Agrarlandschaft nicht nur anhält, sondern sich sogar noch deutlich beschleunigt.« So berichtete die *Süddeutsche Zeitung* am 18. März 2019. Das Verschwinden der Vögel hat zu tun mit der Zerstörung der Biotope, die sie zum Nestbau brauchen, und natürlich mit dem Insektensterben, das wiederum eine direkte Folge der industriellen Landwirtschaft ist.

Selbst wenn es also den Klimawandel nicht gäbe, wäre die Natur in höchster Gefahr. Würden die meisten Medien etwa beim Artensterben die Politik nicht nur eskortieren, sondern ernstlich kritisieren, dann fände sich schon jetzt auf den Titelseiten viel häufiger ein Artikel über die unfassbare Verstümmelung und Zerstörung, die der Mensch der Natur antut – und dadurch sich selbst. Mittlerweile gilt als gesichert, dass etwa eine Million Arten weltweit stark gefährdet sind.

Wenn sich aber so die Realität diesseits der bequemen Mythen umreißen lässt, was heißt dann heute »Realismus«? Es bedeutet, dass sich die gewohnten Logiken umkehren: Wer keine durchgreifenden, großen, visionären Lösungen will, der ist ein Fantast, weil er sich der Illusion hingibt, dem Extraordinären mit dem Konventionellen beikommen zu können. Er verfällt dem magischen Denken, weil er glaubt, der Mittelweg führe immer zum Ziel, so als könne die Mehrheit beschließen, wie sich die Wirklichkeit verhält. Aber, wie gesagt, das Parlament kann sich nicht alles wünschen.

Es gibt noch einen weiteren Grund, warum der radikale Ansatz in ökologischen Fragen oft den realistischen Ausweg darstellt. Man könnte ihn mit einem Slogan benennen: keine Synergie ohne Radikalität. Betrachtet man beispielsweise den Verkehr in den immer dichter bewohnten Städten, so entfaltet sich folgende Logik: Der Autoverkehr beansprucht oft fast die Hälfte der zur Verfügung stehenden Fläche, er trägt wesentlich zu den CO_2-Emissionen bei, stresst die Menschen besonders an den viel befahrenen Straßen durch Lärm und Luftverschmutzung. Er zwingt die Eltern, ihren Kindern eine kleine Todesangst anzuerziehen, damit sie überhaupt eine Chance haben, unversehrt durch den Verkehr zu kommen. Viele, besonders die privilegierten Eltern holen ihre Kinder allerdings am liebsten mit dem Auto von der Schule ab, das erscheint ihnen sicherer. Der Autoverkehr fordert jedes Jahr Hunderte Todesopfer, was nicht nur an sich furchtbar ist, sondern auch zur Entmutigung potenzieller Radfahrer führt, die infolge dieser Gefahr lieber mit dem Auto fahren oder den ohnehin schon überfüllten öffentlichen Nahverkehr frequentieren oder wegen der ständigen latenten Todesangst aggressionsgeladen mindestens den verbalen Nahkampf mit den Autofahrern suchen. Lässt sich dieser Teufelskreis nun dadurch durchbrechen, dass mehr Elektroautos eingeführt werden und ein paar mehr Fahrradwege gebaut werden? Natürlich nicht, die E-Autos lindern nur einen Bruchteil der vom Autoverkehr verursachten Probleme (Lärm und Luftverschmutzung), und der allmähliche Ausbau von Radwegen macht es zwar attraktiver, mit dem Fahrrad zur Arbeit zu fahren, doch wird so paradoxerweise zugleich der Autoverkehr entlastet, weswegen man nicht mehr so oft im Stau steht und viele dann doch wieder ins Auto steigen. Und so weiter. Um wirklich eine Wende herbeizuführen, bedarf es einer durchgreifenden, rasch vorgehenden Politik, die aus den Autostädten Fahrrad- und Fußgängerstädte macht. Nur so lassen sich alle Probleme auf einmal adressieren: Stress, Lärm, Feinstaub, CO_2, Unfalltote, Angst um die Kinder. Der Mittelweg führt hier so wenig zum Ziel wie die Debatte darum, ob denn nun unter Einbeziehung aller denkbaren Umweltaspekte der Diesel, der Benziner oder das Elektroauto besser ist oder ob man doch auf synthetische Kraftstoffe setzen sollte. Die Antwort auf die Frage nach der richtigen Motorisierung lautet schlicht: fahrradgerechte Stadt.

Nur durch eine radikale Wende würden auch die utopischen Qualitäten einer humaneren Stadt spürbar werden: Der Wohnwert Hunderttausender Wohnungen stiege dramatisch, wenn sie nicht mehr lärmumtost und abgasumwölkt wären, gerade die Ärmeren würden besser – und länger – leben. Es würde sich ein Frieden auf die Städte legen, wie man ihn nicht mehr für möglich gehalten hätte, Angst und Aggression würden drastisch zurückgehen – und die CO_2-Emissionen wie von selbst auch. Nicht die Allmählichkeit schafft in einem solchen Szenario die Akzeptanz, sondern Tempo und Radikalität oder genauer:

die Effekte, die sie zeitigen. Im Übrigen, aber das nur nebenbei, handelt es sich bei dieser radikalen Utopie in Wahrheit lediglich um eine Kopie skandinavischer und holländischer Städte. Nur in Deutschland gilt derlei als radikal, weil es die Autoindustrie, wie bereits erläutert, für einen antifaschistischen Schutzwall hält.

Legt man die wissenschaftlich fundierten Klimaprognosen und das erforderliche Tempo beim Gegensteuern zugrunde, so hat das noch weitere Konsequenzen für die politische Debatte. Denn der gängige »Realismus« unterstellt dem Menschen als gewissermaßen anthropologische Grundkonstante eine fehlende Verzichtsbereitschaft. Wer dies ignoriere, dessen Politik müsse fehlgehen, so das Dogma. Darum wird gerade unter Ökologinnen und Ökologen seit den 90er-Jahren darüber diskutiert, ob die notwendigen Veränderungen allein durch technische Innovationen zustande kommen können oder ob man den Menschen auch einen gewissen Verzicht abverlangen müsse. Der Begriff des »Verzichts« hat dabei eine Reihe von semantischen Weiterungen, weil viele glauben, dass dies mit demokratischen Mitteln nicht zu erreichen sei, es schwingt also etwas Erziehungsdiktatorisches in der Möglichkeit des Verzichts mit.

Sollten infolgedessen alle Veränderungen aus technischen Neuerungen kommen? Nun, empirisch gesehen wurden bislang fast alle technischen Effizienzgewinne durch Mengenwachstum wieder aufgefressen. In den letzten Jahren hat Deutschland seine – zu niedrig gesetzten –

Ziele, den Anteil erneuerbarer Energien am Gesamtverbrauch zu erhöhen, zwar deutlich übertroffen. Im selben Zeitraum scheitert man jedoch daran, die (zu niedrigen) Minderungsziele bei den Emissionen zu erreichen. Der Anteil erneuerbarer Energien an der Stromerzeugung in Deutschland ist von 2016 zu 2017 von 33,5 Prozent auf 38,2 Prozent gestiegen. Die Emissionen wurden dabei aber lediglich von 909 auf 905 Millionen Tonnen reduziert. Das sind 0,44 Prozent, eine vernachlässigbare und deshalb aufschlussreiche Menge.

In anderen Worten: Der ökotechnologische Fortschritt befeuert den Energieverbrauch. Wir vernichten unsere Effizienzgewinne dadurch, dass wir dann noch übermäßiger konsumieren. Unsere Autos werden effizienter, doch werden die effizientesten Autos weniger gekauft. Der Anteil der Effizienzklassen A+ und A an den Neuzulassungen ist gesunken. Jedoch: Ein bisschen effizientere Autos mit viel mehr Motorleistung sind natürlich nicht besser für die Umwelt. Das Einzige, was sich bessert, ist das Gewissen. Man gewinnt fast den Eindruck, dass die Innovation nicht zum Instrument für eine bessere Umwelt wird, sondern zum Instrument für einen besseren Konsum. Nach dem Motto: Wer die Ausstöße mäßigt, darf umso maßloser sein.

Trotz dieser offenkundigen Nachteile einer Strategie, die ausschließlich auf Innovation setzt, wird unterstellt, wer Verzicht fordere, der tue das nicht um der Sache willen, sondern aus einem Ressentiment gegen die vermeintliche Verderbtheit des westlichen Lebensstils.

Ideologiekritik ist hier wie immer schön und macht Spaß, auch drei Jahrzehnte lang, unterdessen jedoch ist der Streit zwischen Innovation und Verzicht durch Zeitablauf und Emissionsverlauf entschieden: Es wird beides nötig sein. (Wobei die Sache mit dem Verzicht unterschlägt, dass auch in einer anders strukturierten, solar basierten Welt neue Arten von Fülle entstehen werden.) Politisch jedoch ist der Verzicht auf den Verzicht ohnehin fatal. Denn zu versichern, dass die grundlegenden Veränderungen unserer Art, sich fortzubewegen, zu produzieren und zu konsumieren, ohne Verzicht möglich seien, kommt einem uneinlösbaren pauschalen Schmerzfreiheitsversprechen gleich. Schmerz entsteht jedoch bei jeder Veränderung, bei jedwedem Trainieren von etwas Neuem. Wenn dieses falsche Versprechen garantierter Schmerzlosigkeit gar von Parteien gegeben wird, so bedeutet das in den Augen der Wählerinnen und Wähler: Alle ökologischen Maßnahmen, bei denen ich einen Schmerz verspüre, sind illegitim. Eingebildeter und stilisierter Schmerz, am Ende organisierte politische Hypochondrie wären die Folge. Und organisierte Hypochondrie, das ist nun wirklich eine der wichtigsten Quellen des wehleidigen Autoritarismus, der auch ohne Muslime Furcht vor dem Islam zu haben vermag und bei weniger Kriminalität mehr Angst vor Einbrechern zu schüren versteht. Eine Klimapolitik der Unmerklichkeit, wie die alte Mitte, wie CDU und FDP sie vertreten, ist zum Scheitern verurteilt.

Ökologischer Verzicht ist also weder ein Ziel noch eine

Tugend, Verzicht ist einfach eine Begleiterscheinung von Veränderung.

Das Problem, das die Menschheit durch eigenes Tun zu ihrem zentralen gemacht hat, weist unter dem Strich einige Eigenschaften auf, die mit dem Begriff der Radikalität ohnehin nur unzureichend beschrieben sind, weil er zu vertraut erscheint, weil er selber aus dem Vokabular des 20. Jahrhunderts entstammt und bei ungenauem Gebrauch sogleich die passenden, ebenfalls überkommenen Gegenreaktionen hervorruft. Radikalität ist aber auch deswegen zu wenig, weil es nur eine Dimension der gegenwärtigen Lage beschreibt. Denn die Klimakrise ist ein Phänomen sui generis, das von physischer Natur ist, das sich kumulativ und zeitverzögert entwickelt und nur durch Akzeleration bewältigt werden kann. Diese Mischung, die entweder der Teufel oder ein sehr nerdiger Gott geschaffen hat, erfordert nicht einfach eine andere Politik, sie verändert in weiten Teilen die Regeln des Politischen.

6. Leugnen, Tricksen und Verdrängen

In der angelsächsischen Welt mit ihrem intellektuellen Pragmatismus wurden die Argumente gegen die Existenz des Klimawandels und gegen die Notwendigkeit einer Klimapolitik bereits kanonisiert: Fünf Stufen der Leugnung zählt der *Guardian* in einem Überblicksartikel. Auf dieselbe Zahl, wenngleich mit leicht veränderten Stufen, kommen Michael E. Mann und Tom Toles in ihrem Buch »The Madhouse Effect«. Für Deutschland reichen fünf Stufen des Leugnens, Verdrängens und Tricksens selbstverständlich nicht aus. Denn die Deutschen wollen partout gute, wenn möglich auch ökologisch bewusste Menschen sein. Mit weniger als zehn Stufen ist es da nicht getan. Sie bauen sich deswegen in harter und komplizierter Gemeinschaftsarbeit einen wahrhaftigen Kölner Dom des Verdrängens: prächtig, voller Zierrat, bestückt mit spuckenden kleinen Teufeln – und ständig renovierungsbedürftig:

1. Es gibt vielleicht doch keine Erwärmung

Die Amerikaner haben in ihrer polarisierten und weit mehr vom großen Geld durchwirkten Öffentlichkeit eine regelrechte Klimaleugnungsindustrie aufgebaut. Ölkonzerne investieren in Wissenschaftler, die ohne dieses Geld komplett marginalisiert wären, so aber in beträchtliche Teile der Öffentlichkeit hineinwirken können. Bei den Republikanern unterstützen viele, insbesondere rechtere Politiker diesen Kurs, sie ziehen eine signifikante Erwärmung der Erdatmosphäre rundheraus in Zweifel.

In Deutschland findet diese plumpe Form des Leugnens bislang wenig Anhänger und noch weniger Anhängerinnen. Selbst die AfD scheut sich zumeist noch, die erdrückenden wissenschaftlichen Belege offen zu bestreiten. Sie steigen erst auf dem nächsten Level des Leugnens ein, indem sie den anthropogenen Beitrag zur Erwärmung bestreiten. Dazu sei hier nur zweierlei vermerkt: Zum einen bedarf es nur relativ wenig zusätzlichen Kohlendioxids in der Atmosphäre, um die fein austarierten Stabilisatoren des Klimas außer Funktion zu setzen; die vom Menschen verursachten Einträge ins Klima verhalten sich hier wie der Tropfen zum fast vollen Fass. Zum anderen machen die menschengemachten Anteile eben exakt die Anteile aus, die der Mensch auch beeinflussen kann.

Bei der etwas mutlosen Art des Leugnens, die von der AfD bisher an den Tag gelegt wird, muss es durchaus nicht bleiben. Denn wenn die Klimafolgen spürbarer werden, so wird das nicht nur das Bedürfnis wecken, mehr fürs Klima zu tun, sondern auch das Gegenteil bewirken, also den Wunsch befeuern, dass das alles nicht wahr sein kann. Je stärker der Veränderungsdruck durch Zuwarten wächst, desto robuster, roher und aggressiver dürften auch Politik und Ideologie des Leugnens werden.

2. Mit Realismus gegen die Realität

Mike Pence, der amerikanische Vizepräsident und religiöse Fundamentalist, hat einmal in einem Vortrag einen hübschen argumentativen Taschenspielertrick vorgeführt, um die Geltung der Evolutionstheorie infrage zu stellen: Er argumentierte, dies sei eben, wie der Name schon sagt, nur eine Theorie, die deswegen in der Schule nicht privilegiert gelehrt werden dürfe. Es gebe schließlich noch andere Theorien, zum Beispiel den Kreationismus, also die Lehre, nach der Gott die Erde in sechs Tagen geschaffen habe, am siebten Tage aber schuf er aus Langeweile Mike Pence. Der Trick besteht hier natürlich darin, dass die eine Theorie zu 99,99 Prozent bewiesen ist, während die andere »Theorie« entweder bloß als religiöse Allegorie gemeint oder einfach kompletter Blödsinn ist.

In Deutschland würde niemand eine solche Rede gegen die Evolutionstheorie halten, der noch halbwegs ernst genommen werden möchte. Bei der Klimatheorie verhält es sich da schon ein wenig anders. Da bedient sich die Handlungsangst eines verbreiteten Alltags-Agnostizismus: Kann sein, dass es anthropogenen Klimawandel gibt, kann sein, dass die Prognosen einigermaßen stimmen – kann aber auch nicht sein. Und wer behauptet, dass es sicher sei, ist ein Ideologe, weil ja die fehlende Falsifizierbarkeit ein Kennzeichen der Ideologie sei. Hier besteht der Trick darin, die minimalen Zweifel, die jeder Theorie, erst recht jeder Prognose, innewohnen, nutzbar zu machen gegen eine durchgreifende Klimapolitik, nach der schrägen Logik: Wenn die Prognosen nur zu 90 Prozent sicher sind, wieso sollte man dann die Maßgaben des Pariser Abkommens zu 100 Prozent erfüllen? Selbstverständlich würden Menschen, die auf diese Weise philosophischen Agnostizismus in politischen Attentismus verwandeln, niemals bei einer zu 90 Prozent sicheren Krebsdiagnose auf die Chemotherapie verzichten. Woher aber rührt dann beim Thema Klima das Verlangen, Rest-Unsicherheiten ausschlaggebend werden zu lassen?

In Deutschland kommen die relevanten Kräfte der Verdrängung eben nicht vom politisch rechten Rand, sie kommen aus jener Mitte, die den erlernten und bewährten deutschen Gradualismus für die einzige Form von Demokratie hält. Um des überkommenen politischen Realismus willen müssen wesentliche Teile der Realität ausgeblendet oder miniaturisiert werden. Hierin liegt die stärkste Antriebskraft für die deutsche Variante einer sanften Klimaleugnung oder Klimaverzwergung.

3. Das Waldsterben gab es doch auch nicht

Ohne den großen agnostischen Überbau kommt die kleine Skepsis für den Hausgebrauch aus. Dazu werden verschiedene tatsächliche oder vermeintliche ökologische Fehlprognosen der Vergangenheit benutzt, um zu begründen, warum man sich auch jetzt, bei diesen Klimaprognosen, nicht verrückt machen lassen dürfe. Beim Waldsterben, das in diesem Zusammenhang immer wieder angeführt wird, verhält es sich allerdings folgendermaßen: In den 80er-Jahren wurden schwere Schäden an den deutschen Wäldern festgestellt, die von Wissenschaftlern und Ökologen hochgerechnet wurden, es stand die Drohung im Raum, dass die Deutschen ihren heiligen Wald verlieren würden, zumindest den Nadelwald. So ist es, wie heute jeder sehen kann, nicht gekommen. Allerdings nicht nur, weil damals zu rasant hochgerechnet wurde, sondern vor allem weil Maßnahmen getroffen wurden: Der Schwefeldioxid-Ausstoß aus Fabrikanlagen wurde deutlich herabgesetzt, für Pkw wurde nach einigem Streit und den gewohnten Drohungen mit dem Untergang der Autoindustrie der Einbau von Katalysatoren vorgeschrieben. In den 90er-Jahren half zusätzlich der Untergang der schwefelträchtigen DDR-Wirtschaft. Kurzum: So richtig eignet sich das Beispiel Waldsterben nicht.

Besser passt da für den Ökoskeptizismus schon der erste, für die Umweltbewegung extrem wichtige Bericht des Club of Rome über die »Grenzen des Wachstums« von 1972. Die meisten der dort getätigten Prognosen erwiesen sich später als falsch oder übertrieben. Das lag vor allem daran, dass die Experten des Club of Rome ihr Hauptaugenmerk auf die Ressourcen legten und nicht auf die Emissionen. So stimmten zwar die übergreifenden Annahmen von der Begrenztheit des materiellen Wachstums, nicht aber die konkreten Prognosen, beispielsweise über das vermeintlich zu Ende gehende Öl.

Das Beispiel Club of Rome verweist darüber hinaus auf einen zentralen Denkfehler des Prognose-Skeptizismus: Regelmäßig werden Beispiele herangezogen aus einer Zeit, da die Ökologie noch eine sehr junge Wissenschaft war, als die Basisdaten oft fehlten und die Wissenschaftler in ihrer Bestürzung zuweilen zu leichtfertig mit diesen Daten umgingen. Beim Treibhauseffekt hätte eine ähnliche Skepsis vor 30 Jahren vielleicht noch einige Berechtigung gehabt. Heute jedoch, da in kaum einem Forschungsbereich so viel Wissen und Daten angehäuft wurden wie beim Klimawandel, ist diese Skepsis absurd. Die Skepsis dient hier lediglich dem etwas spießigen Dogma: Was mich überfordern könnte, das kann und darf es einfach nicht geben.

4. Moral statt Materie

Die Notwendigkeit, das Klimathema zu moralisieren, ist, wie schon gesehen, von der ökologischen Avantgarde auf die ökologischen Bremser übergegangen. Der Grund ist so simpel wie einleuchtend: Früher mussten die Klimaschützer gegen den Augenschein argumentieren, wenn sie einen virulenten künftigen Klimaeffekt an die Wand malten, und bedienten sich der Verstärkung durch das Moralische. Heute, da die wissenschaftliche Evidenz immer stärker wird und die Erwärmung Jahr um Jahr sichtbarer und spürbarer, brauchen die Bremser und Skeptiker den Zusatzantrieb der Moral. Darum verwandeln sie regelmäßig Anforderungen der Klimapolitik in moralische Zumutungen, gegen die sie sich dann möglichst aufwendig wehren, um so die materielle Substanz des Streites diskursiv zum Verschwinden zu bringen. Wenn also darüber nachgedacht wird, wie die Zahl der Flüge reduziert werden kann, um den direkten Eintrag von CO_2 in großen Höhen herunterzufahren, beklagen sie, dass da der Mensch in seinem Bewegungsdrang eingeschränkt werden solle. Oder: Wenn in einer Talkshow der überhöhte Fleischkonsum kritisiert wird, braucht man nur wenige Sekunden auf die Entgegnung warten, die im Brustton der Empörung fragt, ob denn bitte schön den Menschen die Currywurst verboten werden soll. Allerdings zaubert die Polemik gegen das unterstellte Verbot von Fleisch den fleischbedingten Nitrateintrag auch nicht weg.

Die zweite Welle der Moralisierung zielt auf die Motive der Ökologen beziehungsweise auf die Motive, die man ihnen unterstellt: Sie wollten die Menschen »umerziehen«, sie würden ihnen nichts gönnen, sie seien genussfeindliche Calvinisten und so fort. Doch können derlei Unterstellungen eigentlich nicht Teil einer vernünftigen Debatte sein, denn in dem Moment, in dem man die Motive des anderen psychoanalysiert, ist die Diskussion zu Ende, Gegenunterstellungen sind die Folge, Gegenargumente verlieren ihren Wert. Am 10. April fragte die *FAZ* unter der Überschrift »Wie viel Klimastaat?« bedeutungsvoll: »Ist der Klimawandel der Grund für neue Regeln, oder ist er nur Vehikel altbekannter Regelungswut?« Interessante

Frage für die Ideologiespiele des 20. Jahrhunderts, heute hingegen ist nur von Belang, wo Regulierungen eher zum Ziel führen und wo marktwirtschaftliche Anreize. Nicht die ideologischen Motive der Ökologen sind ausschlaggebend, sondern die klimapolitischen Effekte. Es hilft auch dem Klima nicht weiter, wenn die Hinweise von Ökologen auf Ursachen und Effekte regelmäßig umetikettiert werden zu Sünde und Buße.

Ähnlich wie die böswillige Motivforschung beim ökopolitischen Gegner und der Gegnerin funktioniert auch der Vorwurf der Heuchelei. Der besagt, dass die Ökologen zwar Wasser predigten, aber veganen Wein tränken, dass sie dem armen Arbeiter den Diesel wegnehmen wollen, aber selber mit dem Taxi zum Bioladen führen. Nun ist Heuchelei nach einem Bonmot des Soziologen Max Weber ohnehin »die Verbeugung des Lasters vor der Tugend«, also besser als nichts. Der Vorwurf der Heuchelei ist aber auch furchtbar banal, weil ja überall da, wo Menschen sich etwas Wichtiges und Großes vornehmen, sie vor ihren Ansprüchen regelmäßig versagen, sich das nicht immer eingestehen wollen und also heucheln. Nur wer sich nichts vornimmt, kann auf alles Heucheln verzichten, das ergibt dann einen stolzgeschwellten Zynismus, nach dem Motto, ich verbrauche zwar noch mehr Benzin als die Heuchler, aber dafür bin ich wenigsten ehrlich. Ja, Cowboy! Auch das ist leider keine sonderlich zukunftsfördernde Einstellung. Und außerdem: Selbst wenn man den Ökologinnen und Ökologen zum x-ten Mal Heuchelei nachgewiesen hat, wird das Wetter immer noch nicht besser. Die Glaubwürdigkeit einer klimagerechten Politik hängt nicht von der Heiligkeit oder Unheiligkeit ihrer Vertreter ab.

Wo also bei Klimadebatten zu viel über Moral geredet wird, sollte man das Thema sogleich auf Maßnahmen lenken, auf operative Politik, auf den ökologischen Fußabdruck, kurzum: auf Handfestes.

5. Verkennung und Zerstreuung

Ein chinesisches Sprichwort lautet: »Wenn der Weise auf den Mond zeigt, schaut der Dumme auf den Finger.« Diesen Fehler beging die politische Soziologie in den 70er- und 80er-Jahren des vergangenen Jahrhunderts, als sie die Ökologie zu einem postmateriellen Thema erklärte. Warum? Weil die Ersten, die sich seinerzeit damit befassten, ganz überwiegend aus der saturierten Mittelschicht stammten, Menschen also, die in der Lesart der Soziologen schon alles hatten und nun offen waren für ein werthaltiges Luxusproblem. Doch sagt natürlich die soziale Situation dessen, der auf ein Problem hinweist, nichts über die Natur dieses Problems aus.

In Wirklichkeit ist die Ökologie ein durch und durch materielles Problem, vielleicht das materiellste überhaupt, es geht um Landwirtschaft und Ernährung, um fossile Energie, sauberes Wasser und Plastikteilchen in knackigen deutschen Möhren. Dennoch hat sich das Gerücht vom postmateriellen, irgendwie weichen Thema lange ge-halten, während eher graduelle Fragen wie die Höhe des Kindergeldes oder das Renteneintrittsalter ungerührt als existenziell definiert wurden.

Dieses schräge Framing von der Ökologie als postma-teriellem, nicht existenziellem Problem, diese im Grunde Verniedlichung einer unzweifelhaft existenziellen und sehr körperlichen Frage tragen bis heute dazu bei, dass die Ökologie in der öffentlichen Debatte strukturell fehlinter-pretiert wird.

Ein letzter, nur scheinbar nebensächlicher Aspekt zur Verkennung der Ökologie stammt von David Wallace-Wells, er schreibt: »Wir haben über zu lange Zeit Geschich-ten über die Natur als Allegorien interpretiert, um nun verstehen zu können, dass die Bedeutung des Klimawan-dels nicht in eine Parabel zu quetschen ist.« Anders als in den Romanen, die wir kennen, spiegelt die erwärmte Natur nicht die Stimmung menschlicher Protagonisten, sie dient auch nicht als strafende Instanz oder als Medium des Glückes, sie ist einfach da und wirkt zurück auf das, was der Mensch ihr physisch antut. Und sie ist sehr, sehr gleichgültig gegen uns.

Verniedlichung, Verkennung, Zerstreuung, Verbildli-chung – wir haben wahrhaftig mannigfaltige Methoden entwickelt, um das Thema Klima jederzeit besprechen zu können, ohne es wirklich erfassen zu müssen.

6. Es wird schon etwas erfunden werden

Die Lücke zwischen der Dringlichkeit der Aufgabe und der Trägheit des Systems lässt sich noch auf andere Weise füllen. Man könnte es das V2-Argument der Klimadebatte nennen. V2 wurde die Rakete genannt, an deren Entwicklung die Nazis am Ende ihres schon verlorenen Krieges mit Hochdruck arbeiten ließen, um mit dieser »Wunderwaffe« doch noch die Wende herbeizuführen. Wahr ist, dass es Erfindungen geben wird und auch geben muss, die es den Menschen erleichtern, die Klimaziele zu erreichen und die Klimafolgen zu bewältigen. Man kann sogar darauf hoffen, dass der Druck, eine dramatische Wende beim Klima herbeizuführen, eine neue grüne Gründerzeit auslösen wird, wie das etwa Ralf Fücks in seinem Buch »Intelligent wachsen« ausmalt. In dieser, Marktwirtschaft und Ingenieurskunst idealtypisch vereinenden Vision versteckt sich allerdings als blinder Passagier eine Illusion: dass nämlich alle Veränderung in der Technik stattfinden könne, dass die meisten Menschen selber gar nicht viel tun müssten. Der Taschenspielertrick liegt in diesem Falle darin, dass der Eindruck erweckt wird, die Erfindungen würden immer dann aus den Laboren und Garagen purzeln, wenn sie gerade gebraucht werden, und sich dann sogleich weltweit verbreiten. Mit anderen Worten: Der Zeitfaktor wird unterschlagen. So wird man beispielsweise irgendwann höchstwahrscheinlich Elektrospeicher entwickeln, die so leicht und effizient sind, dass sie Flugzeuge antreiben können. Oder aber einen Treibstoff ohne fossile Energieanteile, der sogar das Fliegen leidlich klimaneutral werden lässt – und der so billig ist, dass er sich für den gewöhnlichen Flugbetrieb eignet. Allerdings erwarten die Experten und jene, die über Investitionen in die entsprechende Forschung zu entscheiden haben, einen solchen Technologiesprung in etwa drei Jahrzehnten, also zu einem Zeitpunkt, da die CO_2-Emissionen in den Industrieländern ohnehin schon bei null sein müssen, wenn Schlimmeres verhindert werden soll. Abgesehen davon, gibt es auf der Welt zurzeit etwa 25 000 Passagier- und Frachtflugzeuge, die dann Zug um Zug ausgetauscht werden müssten – was wiederum mehrere Jahrzehnte dauern würde. So faszinierend also diese Vision auch sein mag, sie befreit die Menschen bis auf Weiteres nicht von einem unausweichlichen klimapolitischen Imperativ, der da heißt: weniger fliegen. Viel weniger.

Wer also auffällig oft Technologie sagt, der will in Wahrheit die zentralen Forderungen des Pariser Abkommens außer Kraft setzen.

Häufig wird auch die Idee vorgebracht, CO_2 wieder aus der Erdatmosphäre zu saugen und zum Beispiel in alten Bergwerken zu verpressen. Technisch ist das durchaus möglich, doch muss man sich hier wie bei allen anderen nachsorgenden Klimatechnologien die Proportionen vor Augen führen. Denn es müssten so gewaltige Mengen an Luft gefiltert werden, dass die Kosten ins Unendliche stiegen. David Wallace-Wells hat ausgerechnet, wie teuer es uns kommen würde, wenn wir in etwa so viel CO_2 aus der Luft nehmen wollten, wie wir zurzeit hineinblasen. Er kommt auf die fantastische Zahl von 30 Billionen Dollar, das sind 40 Prozent des gesamten derzeitigen globalen Bruttoinlandsprodukts. Wollte man diese Summe durch eine CO_2-Steuer finanzieren, könnte sich fast niemand mehr leisten, auch nur einmal im Jahr von München nach Hamburg zu fliegen, und die Menschen würden in ihren Wohnungen frieren, weil sie sich kein Heizöl mehr kaufen könnten.

Und um hier allen verbliebenen Illusionen den Boden zu entziehen: Die Klimaforscher des Weltklimarats setzen in ihren Berechnungen zum Zwei-Grad-Ziel bereits voraus, dass es CO_2-Entnahmen in großem Stil gibt. Diese Technologie erspart der Menschheit also nicht die anderen grundlegenden Veränderungen, sie ergänzt sie.

Die eigentliche Wunderwaffe des Klimaattentismus ist jedoch eine andere. Sie liegt auf dem Feld des sogenannten Geo-Engineering. Also: Die Erwärmung der Erdatmosphäre durch den CO_2-bedingten Treibhauseffekt soll durch eine Manipulation der Atmosphäre kompensiert werden, die es auf der Erde wieder kälter werden lässt. Dazu müssten Partikel in die Stratosphäre verbracht werden, beispielsweise Schwefeldioxid, das dort zu Sulfaten oxidiert, was eine ähnliche Wirkung hätte wie größere Vulkanausbrüche, also eine Verdunkelung und dadurch Abkühlung der Atmosphäre. Ohne hier auf die handfesten technischen Probleme eingehen zu wollen, die eine solche Mega-Intervention mit sich brächte (etwa die Frage, wie man solche Mengen überhaupt in die Stratosphäre bringen kann), soll mit dieser Methode offenkundig der Teufel mit dem Beelzebub ausgetrieben werden. Denn natürlich weiß niemand, welche Nebenfolgen eine Maßnahme dieser Größenordnung hätte, was etwa der unweigerlich folgende saure Regen bewirken würde. Zudem müssten diese Maßnahmen über Jahrzehnte, wenn nicht für immer beibehalten werden.

Darin zeigt sich ein Grunddilemma des Geo-Engineering: Die Eingriffstiefe beim Kompensieren der Klimafolgen muss so groß sein wie die Eingriffstiefe der gesammelten menschlichen Emissionen. Um etwa eine menschliche Intervention vom Kaliber der CO_2-Emissionen in die ökologischen Kreisläufe auszugleichen, bedarf es einer Intervention ähnlichen Ausmaßes, die nur unter extremen Kosten zu realisieren ist und deren Nebenfolgen schwer zu kalkulieren sind, geschweige denn zu beherrschen. Darum stellt sich hier mit aller Schärfe eine Frage: wozu? Sind die Anforderungen an eine Klimawende so übermenschlich groß, dass in Erwägung gezogen werden muss, noch viel größere Anstrengungen für die Beseitigung der Folgen zu unternehmen? Irgendwas ist hier völlig aus der Proportion geraten. Die V2-Rakete des Klimas mag es irgendwann geben. Fragt sich nur, wen sie trifft.

Nicht zuletzt werfen gigantische Geo-Engineering-Projekte schwerwiegende globale Gerechtigkeitsfragen auf,

weil nicht alle Staaten in gleicher Weise davon profitie-
ren oder eben Schaden nehmen würden. Die Frage wäre
darum auch: Wer entscheidet über wessen Schicksal?

7. Es ist eh zu spät

Wer gelegentlich in, sagen wir, recht engagierte Debatten über die Klimakrise gerät, dürfte eine bizarre Erfah-
rung machen: Oftmals werden die Argumente »Es wird
schon nicht so schlimm« und »Es ist eh zu spät« von derselben Person binnen einer halben Stunde verwendet.
Logisch passt beides erkennbar nicht zusammen, doch
zielen beide Argumente psychologisch und politisch auf
dasselbe, nämlich den gefühlten Handlungsdruck zu verringern. Dass sich viele in die vordergründig bequeme
Verzweiflung stürzen, die Erde sei ohnehin nicht mehr zu
retten, haben sich auch diejenigen unter den Klimawar-
nern mit zuzuschreiben, die seit Jahrzehnten die Uhr auf
fünf vor zwölf stellen. Der Untergang ist jedoch bloß eine
dieser falschen Metaphern aus dem vorigen Jahrhundert,
die sich am totalen moralischen und militärischen Zusammenbruch des Dritten Reiches orientieren oder an der realen Möglichkeit eines globalen Nuklearkrieges. Der Klimawandel hat aber eine ganz andere Katastrophenstruktur.
Auch bei drei oder vier Grad werden noch Kinder geboren, werden sich Menschen verlieben, sie werden Musik
machen und Politik – nur eben unter extrem erschwerten,
für einige Milliarden Menschen auch unter desaströsen

Umständen. Sicher kann man sich Szenarien ausmalen, in denen die Klimakrise menschheitsgefährdende Ausmaße annimmt – gern werden hier die Dinosaurier als Vorbild bemüht –, die sind allerdings so weit entfernt, dass es wenig Sinn hat, damit in den politischen oder auch privaten Debatten über das Klima zu hantieren.

Erkennbar passt bei jenen, die sich in Verzweiflung flüchten, ihr allgemeiner Gemütszustand für gewöhnlich nicht zu ihrem Untergangsfatalismus. Denn wenn sie wirklich glauben würden, das Schicksal der Menschheit sei besiegelt, das Ende absehbar, dann würden sie voller Wut über die Schuldfrage debattieren oder bei Kerzenlicht todernste Gespräche mit ihren Kindern führen oder gar keine Kinder mehr in die Welt setzen. All das kommt aber eher selten vor. Beim dahingeworfenen »Zu spät« handelt es sich folglich nicht um existenzielle Bestürzung, sondern um eine handliche Ausrede. Weswegen – und hier schließt sich der Kreis – das »Zu spät« ohne größere logische Reibung mit dem »Es ist nicht so schlimm« im selben Hirn zur selben Zeit koexistieren kann.

8. Warum denn Tempolimit und nicht …

Eigentlich müsste man meinen, dass es einer Gesellschaft, jedenfalls einer offenen, schwerer fällt, Dinge zu verdrängen oder sich selbst zu betrügen, als einem Einzelnen, der in seinem Kopf schließlich tun und lassen kann, was er will, ohne dass andere ihn dabei direkt beeinflussen können. Es gibt allerdings auch Spielarten der Verdrängungs-kunst, die nur in der Großgruppe funktionieren. Wenn etwa eine Gesellschaft wie die unsere den starken Wunsch verspürt, sich ökologischer zu fühlen, als sie zu handeln bereit ist, dann bietet sich folgendes Verfahren an: Jeder findet ein paar klimapolitische Maßnahmen richtig, noch mehr Maßnahmen aber falsch.

Wenn zum Beispiel der Vorschlag aufkommt, das Tempo auf den deutschen Autobahnen generell auf 130 Stunden-kilometer zu begrenzen, so werden ganz viele rufen: Das bringt doch so wenig und schränkt den Bewegungsdrang geschwindigkeitsbedürftiger Männer zu sehr ein, warum nicht lieber die Braunkohle-Kraftwerke sofort abschalten, die sind doch eh der schlimmste Klimakiller. Jemand an-deres wird darauf sofort einwenden, das sei ja wieder ty-pisch, ausgerechnet die Kohlekumpel aus dem Osten soll-ten nun wieder büßen für die Klimasünden der reichen Westler, die doch sowieso ständig in ihre Kurzurlaube fliegen, warum also nicht das Kerosin besteuern. Sogleich meldet sich an dieser Stelle ein Ökonom zu Wort, der sich richtig gut auskennt in der Weltwirtschaft, und wird sagen: wenn wir das Kerosin besteuern und andere Länder nicht, führe das nur dazu, dass sich der Flugverkehr ins Aus-land verlagert, das helfe dem Klima wenig und schade der deutschen Luftfahrtindustrie, warum denn nicht mehr in die Wärmedämmung investieren. Darauf, man wundert sich schon nicht mehr, wird jemand sagen, dass das für Neubauten ja vielleicht angehe, dass aber die Altbauten durch solche Maßnahmen verschandelt würden und es daher viel besser sei, in der ganzen Stadt Elektrobusse anzuschaffen, die seien im Übrigen auch leiser. Sofort meldet sich die Stadtkämmerin zu Wort, weist auf die Kosten hin und fragt, ob sie das denn bitte schön beim Ausbau der Fahrradwege einsparen soll, wie wäre es denn stattdessen – nur so als Beispiel – mit einem Tempolimit auf Autobahnen?

Der unschlagbare Vorteil dieses Verwirrspiels liegt auf der Hand: Ständig sind klimapolitische Maßnahmen in aller Munde, alle haben das Gefühl, es sei furchtbar viel im Gange, niemand muss gegen alles sein – und keine einzelne Maßnahme findet eine Mehrheit. Worte und Taten entwickeln sich wie gewohnt umgekehrt proportional. Und die Tatsache, dass die Klimakrise sich einem Punkt nähert, da nur noch fast alle denkbaren Maßnahmen zusammen eine Wende bringen, wird bei dieser Art zu debattieren quasi nebenbei weggehext.

9. Was Deutschland tut,
fällt sowieso nicht ins Gewicht

Ein fauler Philosoph ist jemand, der unter hohem Intelligenzaufwand die Dinge immer so lange dreht, bis er selber nichts mehr tun muss. Also etwa nach dem Motto: Ein Verein, der mich aufnimmt, in dem möchte ich nicht Mitglied sein. Oder, etwas seriöser: Ich bin doch nur einer von acht Milliarden Menschen (80 Millionen Deutschen), ich kann sowieso nichts ausrichten. Oder: Warum soll ich denn zur Wahl gehen, meine Stimme fällt doch eh nicht ins Gewicht. Die gedankliche Operation, die dieser Art von Ausreden zugrunde liegt, entlarvt sich eigentlich von selbst: Die eigene Verantwortung wird nahe an die Null gerückt. Aber was bedeutet das im Umkehrschluss? Dass ich erst dann aktiv werde, wenn mein Beitrag den Ausschlag gibt oder meine Stimme den Kanzler macht? Und wenn sich jeder dieses Infinitesimal-Argument zu eigen macht, dann verschwindet Verantwortung restlos, weil ja alle acht Milliarden Menschen nur ein Achtmilliardenstel der Menschheit sind.

Doch obwohl diese Denkfigur so offenkundig jegliche Verantwortung vaporisiert, also im Grunde nicht satisfaktionsfähig ist, gehört sie in der Klimadebatte zu den Lieblingsargumenten. Meist in der Variante: Deutschland emittiert doch nur 2,23 Prozent allen globalen Kohlendioxids, wozu sollen wir uns hier ein Bein ausreißen (was wir so oder so nicht tun)? Es genügt, sich für ein paar Sekunden gedanklich an einen anderen Punkt der Erde zu versetzen, um zu verstehen, wie fadenscheinig das Argument ist. Denn ein indischer Klimabremser wird sagen: Solange wir pro Kopf und Jahr nur 1570 Kilo ausscheiden und die superreichen Deutschen 9000, machen wir erst mal gar nichts. Und was erwartet man nach diesem Muster von einem Äthiopier mit seinen 100 Kilo pro Kopf und Jahr? Das Argument wird also sofort hinfällig, sobald es auch von anderen benutzt wird.

Gerettet wird es dann durch die theatralische Frage: Und die fast anderthalb Milliarden Chinesen? Nun, mit den Chinesen verhält es sich wie folgt: Zum einen emittieren sie pro Kopf nach wie vor 2500 Kilo weniger Kohlendioxid als die Deutschen. Zum anderen haben sie – anders als wir – keine nennenswerten historischen Emissionslasten, und zum Dritten nehmen sie sich perfiderweise unter anderem die Deutschen als Vorbild. Nicht unbedingt, was die Menschenrechte oder die Demokratie angeht, die zumindest die KP Chinas eher verachtet, wohl aber mit Blick auf den hiesigen Lebensstil. So gewöhnen sich die Chinesen gerade das Milchtrinken an, tatkräftig unterstützt von der deutschen Agrarindustrie.

Man kann die globale Vorbildfunktion der Deutschen mögen oder nicht – sie lässt sich aber nicht einfach wegdiskutieren. Sie funktioniert übrigens auch in positiver Richtung. Denn die umstrittene deutsche Energiewende hat zwar viel gekostet, jedoch zugleich eine bedeutende globale Pionierleistung vollbracht. Ohne die teure deutsche Vorleistung wäre etwa die Solarenergie viel später an den heutigen Punkt gelangt, da die Chinesen sie kopiert, billiger gemacht und dann ihrerseits in die ganze Welt exportiert haben. Auf diese Weise hat die Solarindustrie schon längst gutgemacht, was die deutsche Agrarindustrie jetzt kaputt macht.

Das Gejammer vieler Deutscher, sie wollten nicht Vorbild oder Vorreiter sein, bezieht sich, nebenbei gesagt, nur auf Klimaerfordernisse, nicht hingegen auf die Automobilindustrie. Da wird gegen ein Tempolimit immer mit dem Argument gewettert, man müsse auf deutschen Straßen die Leistungsfähigkeit des deutschen Autos zelebrieren, damit es anderswo weiter in Massen gekauft werde. Vorbild will man also nur da sein, wo es Profit abwirft, nicht da, wo es etwas kosten könnte. Zumal die Deutschen seit geraumer Zeit ohnehin nicht mal das tun, wozu sie sich verpflichtet haben, also einen fairen Anteil an der Klimarettung zu tragen. In Wirklichkeit ist Deutschland als einziges europäisches Land unter den Top ten der am meisten emittierenden Staaten:

1. China 27,5 Prozent
2. USA 15 Prozent
3. Indien 6,4 Prozent
4. Russland 4,9 Prozent
5. Japan 3 Prozent
6. Brasilien 2,3 Prozent
7. Deutschland 2 Prozent

So viel zur Vorreiterei. Der faule Philosoph, das ist im Falle der Deutschen also nur ein neunmalkluger Egoist.

10. Lasst uns reden

1978 wurde in der damals berühmten ZDF-Wissenschaftssendung »Querschnitt« erstmals im deutschen Fernsehen der Klimaeffekt einer breiteren Öffentlichkeit demonstriert. Der Arzt und Moderator Hoimar von Ditfurth (Vater von Jutta Ditfurth) stellte sich dabei in ein von einem Scheinwerfer beschienenes Zelt, in das nach und nach immer mehr Kohlendioxid eingelassen wurde, so lange bis Ditfurth sichtbar ins Schwitzen geriet. Gut 40 Jahre nach dem Schweiß, den der Moderator für die Aufklärung der Deutschen vergossen hat, sendet der Generalsekretär der CDU, Paul Ziemiak, einen Tweet in die Welt, gerichtet an die Jugendlichen der Bewegung #FridaysForFuture, mit folgendem Inhalt: »Wir müssen über die Verschmutzung der Meere reden, über sauberes Trinkwasser & wie wir es schaffen in D. nicht nur etwas zu fordern, sondern für #Klimaschutz konkret etwas zu erreichen. Ich lade euch gern zur CDU ins Adenauer-Haus ein, um mit uns zu diskutieren.« Ja, das ist natürlich eine tolle Sache, dass der Generalsekretär einer seit anderthalb Jahrzehnten ununterbrochen regierenden Partei am 28. März 2019 um 23:21 Uhr auf die Idee verfällt, mit jungen Leuten darüber zu diskutieren, was man denn mal so machen könnte für den Klimaschutz, und zwar »konkret«, nicht nur fordern, sondern wirklich. Wenig später verkündete Ziemiaks Vorgesetzte, die CDU-Chefin Annegret Kramp-Karrenbauer, in einem weiteren Tweet vor einer Deutschlandfahne: »Der Schutz des Klimas und damit die Bewahrung der Schöpfung ist eines der ganz großen existenziellen Zukunftsthemen.« Da ist man doch versucht zu fragen: Gilt das ab sofort? Unverzüglich? Mit anderen Worten: Es gehört zu den wegen ihrer ostentativen Harmlosigkeit besonders perfiden Tricks der Klimaverdrängung, die Diskussion immer wieder von vorn beginnen zu lassen. Klima, Mensch Meier, wichtiges Thema, da sollte man mal was machen.

Das sind die zehn wichtigsten Varianten des Leugnens und Portionierens, so also sieht der Kölner Dom der Verdrängung aus. Man muss sagen: was für ein Aufwand, was für Umwege, wie viel vergeudete Intelligenz, wie viele Worte, um bestimmte Dinge nicht sagen zu müssen, welche Kraft verbraucht wird, um nicht sehen zu müssen, was man da tut. Gottlob werden beim Herstellen von Verdrängungsenergie keine nennenswerten Mengen Kohlendioxid produziert, sonst läge Deutschland beim Pro-Kopf-Verbrauch noch vor Katar.

Der amerikanische Autor George Marshall hat in seinem Buch »Don't even think about it« am bisher eingehendsten untersucht, wie die westlichen Gesellschaften es geschafft haben, die Klimakrise wissend zu ignorieren, und kommt dabei zu einem verblüffenden und etwas unheimlichen Ergebnis: Wenn alle Argumente und Interventionen zugunsten einer politischen Wende in der Klimapolitik und beim Verhalten der Einzelnen bisher nur dazu geführt haben, dass immer mehr Emissionen produziert werden – dann müssen auch alle Argumente und Interventionen ihren Beitrag dazu geleistet haben, dass sich nichts wirklich bessert. Unsere gesamte Kultur ist in dieser Lesart gewissermaßen determiniert oder programmiert zum Weiter-So. Darin sind offenbar auch und gerade jene gefangen, die vordergründig gutwillig scheinen. Und zu dieser Erkenntnis müssen wohl auch viele junge Menschen kommen, wenn sie einer Welt inne werden, die immer mehr politischen und rhetorischen Aufwand treibt, um immer zu wenig zu tun.

7. Freiheit

Wenn die ökologische Rettung in Freiheit und in einem demokratischen Rechtsstaat nicht möglich ist, was dann? Diese Frage kann man nicht allgemeinverbindlich beantworten, weil ein Funktionär der kommunistischen Partei Chinas beispielsweise antworten würde: dann eben ohne. Eine autoritäre Persönlichkeit des Trump-Universums würde jedwede Notwendigkeit ökologischer Rettung rundheraus als Erfindung volksfeindlicher Eliten abtun. Weil jeder seine Antwort darauf hat, will ich die Frage hier ganz persönlich beantworten: Sollte sich die Alternative tatsächlich so stellen – autoritär die Welt retten oder demokratisch in den Untergang –, so würde ich immer den Untergang wählen. Oder genauer gesagt: Ich würde mich selbst aus dem politischen Spiel nehmen, einfach weil Freiheit, Rechtsstaat und Demokratie für mich keine disponiblen Werte sind, sondern Teil meiner Persönlichkeit, der einzig denkbare Modus meiner politischen Existenz. Ohne Freiheit ist eben alles nichts. Wobei sich das von jemandem leicht sagen lässt, der sechs Jahrzehnte fossil befeuerter und durch Privilegien geschützter Freiheit schon hinter sich hat. Freiheit ist immer auch die Freiheit der woanders und später Lebenden.

Es ist banal zu sagen, dass man alles tun müsse, damit sich die Alternative zwischen Freiheit und Ökologie erst gar nicht stellt. Die alles entscheidende Frage lautet hier: was denn genau? Beginnen wir damit, den Freiheitsbegriff seiner Naivität zu entkleiden. Eine Naivität, die sich die westliche, die freie Welt angewöhnen konnte, weil ihre Gegner unzweifelhafte Diktaturen waren und weil sie die Definitionsmacht über die Welt besaß. Und wer die Macht hat, der braucht über sich selbst nicht so viel wissen, der darf sich Illusionen über das Eigene machen, die er zugleich anderen als Wahrheiten aufpflanzen kann.

Seit der Sieger der Geschichte an Macht verliert, fällt es ihm – wie schon erwähnt – immer schwerer, die Frage abzuwehren, ob es denn Zufall oder Notwendigkeit sei, dass es den freien, demokratischen Staat historisch bisher nur in Verbindung mit der Ausbeutung Dritter und der Natur gegeben hat.

Der idealtypische Liberale will von der Materie zunächst nicht viel wissen und würde den Konnex verneinen, weil Freiheit für ihn in erster Linie aus einem Bündel von Rechten besteht, die das Individuum gegenüber dem Staat geltend machen kann: Meinungsfreiheit, Redefreiheit, Versammlungsfreiheit, das Recht, Parteien zu bilden, Rechtsgleichheit für alle et cetera. Unstrittig unter Demokraten ist, dass dies alles notwendige Bedingungen von Freiheit sind, strittig ist nur: Genügt das? In einer polemischen Entgegnung des französischen Literatur-Nobelpreisträgers Anatol France gegen einen beschränkten Freiheits-

und auf das Rechtliche reduzierten Gleichheitsbegriff heißt es: »Das Gesetz in seiner majestätischen Gleichheit verbietet den Reichen wie den Armen, unter Brücken zu schlafen, auf den Straßen zu betteln und Brot zu stehlen.« Freiheit, das ist damit gemeint, wird dann zur Farce, wenn man real und material keine Wahlmöglichkeiten hat. Dieser Gedanke ist dem herrschenden westlichen Freiheitsbegriff ebenso unbequem wie die Vorstellung, dass eine funktionierende Demokratie von materieller Ausbeutung abhängig sein könnte, dass sie ohne das Schmieröl ihrer Surplus-Gewinne und der fossilen Energie aus Hunderttausenden von Jahren nicht so dahinschweben könnte, wie man es gewohnt ist. Oder war.

Die gewollte Naivität des Freiheitsbegriffs gegenüber dem Materiellen, dem real zur Auswahl Stehenden, macht es herkömmlichen Liberalen so schwer, Freiheit und Ökologie zusammen zu denken. Denn Klimawandel bedeutet ja im Kern, dass eine spezifische Anwendung der Freiheit heute die Zahl der zur Verfügungen stehenden Optionen morgen physisch reduziert. In diesem Sinne kann nicht bloß ein Staat Freiheit einschränken oder beschneiden, auch eine Gesellschaft kann Freiheit buchstäblich konsumieren. Sie schafft durch einen nicht nachhaltigen Gebrauch der Freiheit Zwänge, die dann vom Staat bewältigt und gemanagt werden müssen, wogegen sich der Liberale dann wieder empört zur Wehr setzt. Genau dies – die Verwandlung von Freiheiten in Zwänge – geschieht gerade in unvorstellbarem Ausmaß: Jedes verdammte CO_2-Molekül, das heute in die Atmosphäre entlassen wird, führt alsbald dazu, dass gewissermaßen zwei Moleküle eingespart und zugleich die Folgen des Klimawandels bewältig werden müssen. Was machen wir heute? Im Cabrio durch die Landschaft brausen! Was machen wir morgen? Dämme bauen!

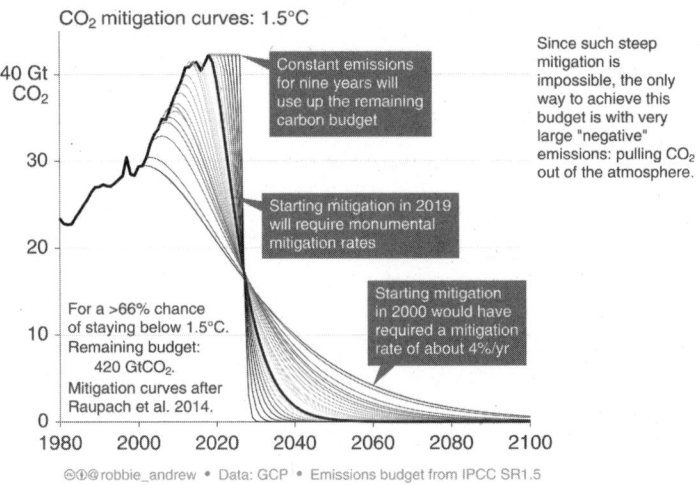

CO$_2$ mitigation curves: 1.5°C

40 Gt CO$_2$

Constant emissions for nine years will use up the remaining carbon budget.

Since such steep mitigation is impossible, the only way to achieve this budget is with very large "negative" emissions: pulling CO$_2$ out of the atmosphere.

30

20

Starting mitigation in 2019 will require monumental mitigation rates

10

For a >66% chance of staying below 1.5°C. Remaining budget: 420 GtCO$_2$. Mitigation curves after Raupach et al. 2014.

Starting mitigation in 2000 would have required a mitigation rate of about 4%/yr

0

1980   2000   2020   2040   2060   2080   2100

©①@robbie_andrew • Data: GCP • Emissions budget from IPCC SR1.5

Die oben stehende Grafik zeigt drei Kurven, die den Verlauf der CO$_2$-Anreicherung und der Einsparungen darstellen, abhängig davon, wann mit einem entschlossenen Umsteuern begonnen wird. Die Kurve, bei der sich die Menschheit die Freiheit herausnimmt, die jährlichen CO$_2$-Emissionen bis 2025 weiter ansteigen zu lassen – also der reale Trend –, fällt ab 2025 umso steiler ab, was sie auch muss, wenn die Erwärmung nicht eskalieren soll. Der steile Abfall der Kurve bedeutet in der klimapolitischen Realität eine dramatische Reduktion von Optionen: kein Zögern mehr, kein Ausprobieren, kein Trial and Error, keine Ablenkung mehr mit anderen wichtigen Themen, wenig Geld für andere Ziele, die ganze Gesellschaft würde sich fast nur noch mit einer Frage beschäftigen: Wie kommen wir innerhalb von halsbrecherischen zehn Jahren auf null? Denn außerdem zeigt die Kurve ja, dass, wer die CO_2-Emissionen länger steigen lässt, wegen des kumulativen Effekts umso früher bei null landen muss, hier also: weniger als zehn Jahre! Dies ist die Kurve der Unfreiheit: Die Optionen nehmen dramatisch ab, die Zwänge nehmen rasant zu. In einem Staat, der das bewerkstelligen muss, herrscht wahrscheinlich noch Meinungsfreiheit, aber ziemlich wenig Handlungsfreiheit, die freie Wahl der Mittel wird ersetzt durch das rasche Erkennen des Unausweichlichen. Freiheit würde dann ganz praktisch auf das reduziert, was sie bei Friedrich Engels rein ideologisch schon einmal war:»Freiheit ist die Einsicht in die Notwendigkeit.« Geoff Mann und Joel Wainright bringen die Gefahr, dass die Gestaltungsfreiheit verloren zu gehen droht, so auf den Punkt:»Die politisch-ökologischen Bedingungen, innerhalb derer die Entscheidung über den Klimawandel jetzt und in Zukunft getroffen werden, sind fundamental durch Unsicherheit und Angst geprägt; es gibt keine wahren Klima-›Entscheidungen‹, nur Reaktionen.«

Es existiert darüber hinaus neben einer Kurve der Freiheit auch eine Zeitzone der Freiheit. Wenn die Erwärmung der Atmosphäre die Menschheit wirklich bis zu einem der Tipping-Points führen sollte und beispielsweise der erwähnte Methan-Teufelskreis in Gang kommt, dann herrscht auch in den westlichen Demokratien nicht mehr die Freiheit, sondern die blanke Panik. Niemand weiß zurzeit, wie lange diese Zeitzone der Freiheit dauert, aber man weiß, dass es sie gibt. Freiheit hat neuerdings ein Verfallsdatum.

Klimapolitisch gilt also nicht: je weniger Staat, desto mehr Freiheit, sondern: je früher, desto freier. Die Freiheitlichkeit eines ökorealistisch handelnden Staates bemisst sich folglich daran, ob er zum Erhalt künftiger Optionen beiträgt oder ob er zulässt oder gar mithilft, sie zu verringern.

Darin liegt ohne Zweifel ein Bruch zum klassischen Freiheitsverständnis, das sich in erster Linie gegenüber dem Staat definiert. In den klimapolitischen Debatten fragen Liberale dieser Denkschule in gewohnter Manier denn auch zuerst nach dem Staatsanteil, der in einer Maßnahme steckt, und nicht nach dem CO_2-Anteil, der dadurch reduziert werden kann. Die *FAZ* brachte das einmal auf die Formel:»Lieber zwei Grad höhere Temperatur als zwei Grad weniger Freiheit.« Man kann nur hoffen, dass der Leitartikler wirklich nicht weiß, was zwei Grad mehr praktisch bedeuten. Eines jedenfalls liegt offenkundig völlig außerhalb seines Vorstellungsvermögens: Zwei Grad weniger Freiheit *durch* zwei Grad Temperatur mehr.

Wie im vergangenen Jahrhundert scannen solche naiven Liberalen die Ökologen unter dem Blickwinkel, ob da nicht irgendwo der Wunsch nach einer Erziehungsdiktatur durchscheint. Dem liegt die schlichte Idee zugrunde, eine Ökodiktatur kündige sich durch eine Ökoideologie an. Wenn es aber in diesem Land zu einer Ökodiktatur kommen sollte, dann nicht, weil ein paar finstere Ökologen sich in ihrem rousseauistischen Wahn das so ausgedacht haben, nicht aus 20.-Jahrhundert-Gründen also, sondern weil die Summe der Vorsorge- und Schutzmaßnahmen gegen den Klimawandel und seine Folgen allmählich einen ökologischen Notstandsstaat entstehen lässt oder weil sich die neuen grünen Klassen- und Verteilungskämpfe nur noch mit harter Hand im Zaum halten lassen. Den freiheitlich-demokratischen Staat gefährden weniger ideologische Auffassungen als vielmehr klimapolitische Unterlassungen.

Liberale, die sich ideologisch stark an der Vergangenheit orientieren, konstruieren in der Klimadebatte gern einen Double-Bind: Fungiert der Staat als Akteur gegen den Klimawandel, dann schimpfen sie das etatistisch, soll stattdessen der Einzelne die Veränderung leisten, dann wird das als moralisierend zurückgewiesen. Bliebe also nur noch der Markt, der es richten kann – und darf. Doch handelt es sich bei dem Gedanken, man könne im Dreieck von Staat, Markt und Individuum auf einen oder gar zwei Akteure weitgehend verzichten, um eine Luxusidee aus den seligen Zeiten, als der CO_2-Anteil in der Atmosphäre noch 350 parts per million betrug. Abgesehen davon ist es ja nicht so, dass es in den vergangenen Jahrzehnten seit Entdeckung des Treibhauseffekts an Markwirtschaft gemangelt hätte, es haperte vielmehr an der Politik.

Bezeichnend ist auch, dass solchen Liberalen der vermeintlich Freiheit beschränkende Charakter von Verboten, Verordnungen, Normen, Limits und gedeckelten Budgets nun ausgerechnet bei der Ökologie einfällt, so als wären die Gesetze mit einem Mal nicht mehr die Bedingung der Freiheit, der Rahmen, in dem sie nur existieren kann, sondern deren Gegenteil.

In derlei Ideologiespielen enthüllt sich indes noch eine andere Wahrheit. Mit aller Verve wehren sich die orthodoxen Liberalen gegen staatliche Reglementierungen ihres Freiheitsdrangs, der allerdings auffallend oft mit einer spezifischen Form von Mobilität gleichgesetzt wird: mit Fliegen und Rasen, mit brummender Beschleunigung. Es geht, mit anderen Worten, um maximale Beschleunigung in immer begrenzteren Räumen. Freiheit wird allzu häufig in eins gesetzt mit materieller Ausdehnung. Unversehens zeigt sich da die ungeliebte Rückseite des scheinbar körperlosen Freiheitsbegriffs: So ganz gleichgültig gegenüber dem Materiellen, wie es auf den ersten Blick scheint, ist man nämlich doch nicht. Zum einen beten Liberale wie niemand sonst das Wachstum an. Das geht zurück auf ihr misanthropisches Menschenbild. Sie glauben, dass ein friedliches Miteinander ohne ein ständiges, materiell gefasstes Mehr nicht möglich sei. Darum befinden sich die westlichen Gesellschaften auch andauernd in einem Modus latenter Panik. Denn wer das eben erreichte Maximum einer Gesellschaft zu jeder Sekunde zugleich zum unabdingbaren Minimum erklärt, der macht sich zutiefst davon abhängig, dass es ständig mehr zu verteilen gibt. Er wird unfrei.

Zum anderen: Wenn Liberale sich heute gegen den vermeintlichen ökologischen Obrigkeitsstaat wehren, so ist damit in der Substanz üblicherweise gemeint, dass sie auf ihrem Emissionsprivileg beharren. Nach den Berechnungen, die den internationalen Klimaabkommen zugrunde liegen, darf jeder Mensch auf der Erde pro Jahr lediglich 2000 Kilo Kohlendioxid emittieren, wenn die Erwärmung bei zwei Grad gestoppt werden soll. Und das auch nur noch bis 2050, denn dann müssen die Emissionen weltweit bei null sein. Tatsächlich emittieren die Deutschen zurzeit mehr als das Vierfache. Wer auf der Welt soll dieses Mehr der Deutschen mit einem Weniger kompensieren?

Die Maßnahmen, die hierzulande ergriffen werden oder werden sollten, um diese Klima-Ungerechtigkeit zu reduzieren, nur unter dem Aspekt anzusehen, ob sie mit staatlichen Verboten verbunden sind oder fossile Mobilität einschränken, enthält eine ebenso unausgesprochene wie klare Prioritätensetzung: Meine an den Kriterien des 20. Jahrhunderts bemessenen und an der Übermachtphase des Westens orientierten Freiheiten sind mir wichtiger als die Freiheiten anderer, auch CO_2 ausscheiden zu dürfen oder von den Folgen der Erderwärmung verschont zu bleiben. Das Insistieren auf überkommenen Privilegien ist jedoch nicht freiheitlich, es ist feudal.

Wie aber sähe ein Freiheitsbegriff aus, der seine Naivität ablegte, seine Bigotterie gegenüber dem Materiellen überwände und der zum Zeitalter der Ökologie passte? Zunächst einmal müsste ihm ein Staatsverständnis zugrunde liegen, das den Staat ebenso sehr als Agenten der Freiheit ansieht wie als sein Gegenüber. Darum dürfte das Verhältnis von Staat und Individuum auch nicht länger das ausschlaggebende Kriterium für die Freiheit sein. Schließlich muss ein moderner Liberalismus sich zu seinen materiellen Voraussetzungen bekennen und sie hinterfragen. Menschen, die aus sozialen Gründen keine Wahl haben, sind nicht wirklich frei. Gesellschaften, die aus klimapolitischen Zwängen heraus keine Wahl haben, sind nicht wirklich frei. Freiheit, die essenziell vom Prinzip »Glück durch materielle Ausdehnung und Beschleunigung« abhängt, ist keine wirkliche Freiheit.

Ein nachhaltiger Freiheitsbegriff würde sich nicht mehr darauf beschränken, die Freiheitlichkeit der Prozesse, die zu einer Entscheidung führen, in den Blick zu nehmen, er würde zugleich prüfen, ob die Ergebnisse geeignet sind, künftige Freiheiten zu ermöglichen. Die zentrale Frage der Freiheit im Zeitalter der Ökologie lautet folglich: Kreiert freiheitliche Politik mehr Optionen, als sie verbraucht?

Die Entgegensetzung von neuer Ökologie und herkömmlichem Freiheitsbegriff hat der ganzen bisherigen Debatte um das Klima etwas Beklemmendes gegeben, so als hingen unser Leben und unsere Demokratie davon ab, billig fliegen, Auto fahren und Fleisch essen zu dürfen.

Und als ob die Gestaltung einer postfossilen Zukunft keine frei atmende, begeisternde Sache sein könnte, nur weil sie dem alten Freiheitsbegriff und -gebrauch über den Kopf wächst. Dass wir jeden Tag mit Tausenden von Handlungen und Entscheidungen den Planeten schädigen, bedeutet im Umkehrschluss ja etwas sehr Ermutigendes: Es gibt jeden Tag Tausende Möglichkeiten, es zu ändern. Nur wenn wir diese Möglichkeiten heute nicht nutzen, werden sie morgen zu Notwendigkeiten und manchmal zu Unmöglichkeiten, zu dem, was jedem Liberalen zutiefst widerstrebt: nicht das tun zu können, was man will; nicht das tun zu können, was man muss.

8. Gerechtigkeit

Was bedeutet das: Geld? Das klingt so harmlos: Jemand hat Geld, vielleicht sogar sehr viel Geld. Faktisch aber ist Geld ein Titel, der seinen Besitzer dazu ermächtigt, die Lebenszeit anderer Menschen für sich zu verbrauchen, auch und gerade solche Lebenszeit, die diese anderen als negative Lebenszeit interpretieren. Am Ende und am Anfang aller Güter und Dienstleistungen ist eine, die putzt oder schleppt, jemand, der hämmert oder schnippelt, der kehrt oder schraubt, eine, die Waren über den Scanner zieht oder die Windeln wechselt oder in den blutigen Müll greift. Da sind jene Menschen, die das Schmutzige, Langweilige, Anstrengende, Ungesunde, Laute und Stinkende tun – und das jeweils für sehr viel weniger Geld als die mit den besseren Arbeiten oder gar als jene, die ihr Geld arbeiten lassen, wie man so sagt. Es sind auch jene Menschen, die am Ende früher sterben, nach hinten raus werden ihnen noch einmal Jahre genommen.

Und da Lebenszeit das Wichtigste ist, was Menschen überhaupt haben, ist die Verfügung über die Lebenszeit anderer zunächst mal etwas Unerhörtes, zumindest etwas, das sehr aufwendiger Begründungen bedarf, und dies umso mehr, je ungleicher das Geld verteilt ist und je negativer die bei der Arbeit aufgewendete Lebenszeit von denen, die sie opfern müssen, empfunden wird.

Diese Begründungen sind in die Krise gekommen, und das, obwohl sich die Armut weltweit in den vergangenen Jahrzehnten deutlich verringert hat. Aber weniger arm, nicht mehr nur aufs Allernötigste beschränkt zu sein, bedeutet eben auch: vergleichen zu können oder sogar, mit Blick auf die elektronischen Endgeräte, dem Vergleichen kaum ausweichen zu können, so penetrant ragt das besser scheinende Leben heute in das Unscheinbare. Und weil zudem so viele Menschen aus den Demutshöhlen ausgebrochen sind, in die sie durch Religion, Ideologie und Tradition gesperrt waren, verstehen sie einfach nicht mehr, warum ihr Schicksal ihr Schicksal sein soll. Entsprechend sinkt die Legitimation des Reichtums vielerorts auch bei abnehmender Armut. Nun rechtfertigen sich die vorhandenen Ungleichheiten ethisch allein nicht mehr so recht, weswegen sich das große Geld, also der ins Maßlose gesteigerte Anspruch auf die Lebenszeit anderer, immer öfter mit dem Autoritären und dem Kriminellen paart. So ist es in den USA, wo eine wichtige Fraktion der Reichen sich für einen ihrer ganz besonders zwielichtigen Brüder als Präsidenten entschieden und ihm mit viel Geld zur Macht verholfen hat. So ist es in Brasilien, in Venezuela, in Russland, in China, in der Türkei, in Saudi-Arabien, in den Emiraten und so weiter. Die Vorstellung, dass die freie Marktwirtschaft mit all ihren unbestreitbaren Segnungen, mit ihrer überquellenden Lebendigkeit historisch zu immer mehr Demokratie und Freiheit führen würde, hat sich als zu optimistisch erwiesen, das Gegenteil zeichnet sich ab: Die Anmaßung des großen Geldes tendiert wegen ihrer Legitimationskrise derzeit eher zum Autoritären. Und zum Demonstrativen. Denn so logisch es in dieser Lage wäre, den eigenen Reichtum etwas dezenter auszuleben oder gar so einzusetzen, dass die Lebenszeit auch der anderen möglichst schonend und sinnvoll verwendet wird – so psychologisch naheliegend scheint doch auch das glatte Gegenteil zu sein: die Zurschaustellung, dieses Erst-Recht, das Ihr-wollt-es-doch-Auch, das Ihr-seid-doch-nur-Neidisch. Uhren, Sportwagen, Privatjets, Jachten, Häuser, Golfplätze – der ganze Kitsch blüht ja, überall sieht man die mobilen Sarkophage des Reichtums schon zu Lebzeiten.

Im Gegenzug erfahren auch linkere Positionen in den westlichen Staaten eine Renaissance, sogar das Wort »Sozialismus« kehrt – etwa in den USA, Großbritannien, Spanien, Portugal, sekundenlang sogar in Deutschland – wieder zurück in die Zone des Sagbaren. Beide Seiten machen gewissermaßen mobil.

Welche Rolle spielt darin nun die Klimakrise?

Geld bedeutet ja schließlich nicht bloß, einen überproportionalen Anspruch zu haben auf die Lebenszeit anderer, faktisch bedeutet es außerdem, mehr von der Natur verbrauchen und in sie emittieren zu dürfen, und zwar in geradezu fantastischen Disproportionen. Der ökologische Fußabdruck von Leuten wie Donald Trump oder

Mohammed bin Salman hat wahrscheinlich die Größe von Monaco. Doch gilt die ökologische Ungleichheit nicht erst im Extrem, eher könnte man als Faustregel sagen: Je mehr Geld jemand hat, desto mehr seltene Erden, wertvolle Metalle, Öl, Gas, Wasser, Fläche, Fleisch und Fisch verbraucht er, und desto mehr Müll und CO_2 hinterlässt er. Die Schicht der Reichen (nicht alle sind so) und der Superreichen hat dabei eine globale Konsumkultur herausgebildet, eine internationale Infrastruktur des Prassens, bei der der Verbrauch von Ressourcen nicht etwa als ungewollte Nebenfolge des Konsums erscheint, sondern geradezu zu ihrem Hauptzweck avanciert. Der französisch-bayerische Fußballer Franck Ribéry hat in seiner ganzen verruchten Unschuld vor einiger Zeit einem breiteren Publikum Einblick in diese Kultur gegeben, als er sich bei einem global aufgestellten Restaurantbesitzer ein mit Goldblatt umhülltes Steak servieren ließ. Das gute Stück kostete 1200 Euro und gibt damit eine probate Antwort auf höllisch komplizierte Fragen: Wie kann jemand, der sehr reich ist, diesen Reichtum durch Konsum materialisieren? Was soll jemand tun, der mehr Geld als Zeit hat? Wie können für ihn die Dinge so teuer gemacht werden, dass sie buchstäblich wieder ins Gewicht fallen und die alltäglichen Reise-, Ess-, Trink- und Kaufakte ihre Erotik zurückgewinnen? Blattgold ist da eine gute Lösung, überhaupt Extravaganzen noch extravaganter zu machen, wie beispielsweise der weiße Kaviar vom Albino-Stör. Die Jagd auf besonders seltene und geschützte Tierarten tut ihren Zweck ebenso wie – für den Alltag – ein paar Automobile, deren gewaltigen Durchsatz an fossiler Energie der Fahrer nicht nur beim Berühren des Gaspedals spürt, sondern auch aus diesem raketenstarthaften Spratzen im Auspuff heraus hört – und alle, die in der Nähe sind. Diese Art des Konsums materialisiert nicht nur einen Reichtum, der ungeduldig nach seiner Anwendung ruft, er konstituiert und demonstriert in einem Zug auch den neuen Adel jener, denen die Erde zur gefälligen Zerstörung überlassen ist. Fußballer fallen dabei im Übrigen zwar quantitativ weit weniger ins Gewicht als sonstige sehr reiche Menschen, aber sie fungieren als Vorbilder und heizen eine Kultur des Konsumierens an, die immer auf das stets maximal Mögliche zielt.

Auf der anderen Seite gibt es natürlich nicht nur den Reichtum, der sich CO_2-Privilegien erkauft. Reichtum, der teure Bilder sammelt oder sündhaft teure Tickets beim Basketball oder in der Oper kauft, ist gewissermaßen klimaneutral. Reichtum hingegen, der sich einen Privatjet kauft, kann als gestreckter Mittelfinger Richtung Umwelt, Richtung Klima, Richtung Menschheit verstanden werden. Nicht alles, was teuer ist, schadet der Umwelt, und natürlich: Nicht alles, was der Umwelt schadet, ist teuer. Insofern läuft Klimagerechtigkeit nie gänzlich synchron mit antikapitalistischer Kritik und sollte von ihr nicht instrumentalisiert werden. Nicht die Tatsache, dass Leute viel Geld haben, verschärft schon das Klimaproblem, sondern erst die Skrupellosigkeit, mit der sie es ausgeben –

oder mit der sie es anlegen. Nicht schon der mehr oder weniger freie Markt, der aus Fähigkeiten Angebote und aus Wünschen Nachfrage macht, spitzt die Lage der Erde zu, sondern die spezifischen Wünsche, die so lange blind dem Klima gegenüber waren und sich heute gleichgültig, ja teilweise aggressiv gegen das Klima richten.

Dahinter tut sich ein weiteres ernstes Problem mit der Art und Weise auf, in der in unserem Wirtschaftssystem besondere Leistung meistens belohnt wird, also mit Geld. Im besten Fall bekommt man außergewöhnlich viel davon, weil man etwas für sich, aber auch für alle geschaffen hat; es ist der pekuniäre Beifall der Gesellschaft für eine Leistung. Doch sobald man es – falsch – ausgibt, droht man der ökologischen Verachtung derselben Gesellschaft anheimzufallen. Vielleicht braucht es andere Formen der Anerkennung als eine pekuniäre Belohnung, die zum überproportionalen Verbrauch von Natur berechtigt.

Abgesehen davon, ist der klimafeudale Reichtum noch längst nicht alles. Die Klimakrise legt weitere Schichten der ökologischen Ungerechtigkeit um die schon bestehenden sozialen Ungerechtigkeiten.

1. Historische Ungleichheit der Emissionen

Die großen Industrieländer, allen voran Großbritannien, die USA und Deutschland, sind für die beträchtlichen CO_2-Emissionen zwischen dem Anfang der Industrialisierung im 19. Jahrhundert und dem beginnenden Aufschwung Chinas am Ende des 20. Jahrhunderts quasi allein verantwortlich, sie haben den ganzen Teufelskreis überhaupt erst in Gang gebracht und mithilfe dieser der Erde entnommenen Energien, gewissermaßen mit ihren Superkräften, den Rest der Welt erobert und sich untertan gemacht, aus Geologie wurde Geopolitik.

2. Globale Ungleichheit der Emissionen

Trotz des wirtschaftlichen Aufschwungs von China und Indien emittieren die Bewohner eben jener Industrieländer, die historisch für fast alle Emissionen verantwortlich sind, auch heute noch pro Kopf weit mehr als die ehemaligen Entwicklungsländer.

3. Globale Ungleichheit der Folgen

Unter den Folgen des Klimawandels werden diejenigen am meisten leiden, die dafür am wenigsten verantwortlich sind. Das hat zwei Gründe: Zum einen sind ärmere Länder gegenüber den Stürmen, Dürren und Fluten, die da kommen, weniger gut gewappnet; zum anderen werden sie, so sagen es jedenfalls viele Klimaprognosen, schwerer davon getroffen, übrigens auch China, woraus sich dessen vergleichsweise großes Klimaengagement erklären lässt.

4. Nationale Ungleichheit bei den Emissionen

Wie gesehen, verhalten sich Einkommen und Emissionen ungefähr linear: wer mehr hat, scheidet mehr aus. Zum Beispiel: Wer in Deutschland über ein monatliches Netto-Einkommen von 5000 bis 18 000 Euro pro Haushalt verfügt, der gibt durchschnittlich 718 Euro für Verkehr aus; wer unter 1300 Euro hat, der muss mit 96 Euro auskommen, also mit weniger als einem Siebtel. So öko kann der große Volvo gar nicht sein, dass sich dies nicht trotzdem auf die jeweiligen Emissionen auswirkt.

5. Nationale Ungleichheit der Folgen

Als die Florida International University im Jahr 2008 Karten von Miami bei verschieden starken Anstiegen des Meeresspiegels veröffentlichte, erwies sich, dass der Stadtteil, in dem zu dieser Zeit überwiegend die armen Migranten aus Haiti lebten, künftig zu den sichersten gehören würde. Sofort stiegen dort die Grundstückspreise, und die Vertreibung der Armen aus dem Viertel begann. Sie müssen nun dort wohnen, wo künftig die Überflutungen am wahrscheinlichsten und bereits jetzt am häufigsten sind. Man sieht: Schon eine bloße Klimaprognose geht auf Kosten der Armen.

6. Generationelle Ungleichheit

Je drastischer und je schneller sich das Klima verändert, desto mehr wachsen sich generationelle Unterschiede zu materiellen Interessengegensätzen aus. Denn natürlich kann jemand, der heute 60 Jahre alt ist, die Abwägung zwischen Gewohnheit, Bequemlichkeit und Emissionsfeudalismus auf der einen und Kinderliebe, Verantwortung und Vorsorge auf der anderen Seite ganz anders treffen als jemand, der heute 20 Jahre alt ist und für die Bequemlichkeit von heute mit stetig dramatischeren Klimafolgen für den Rest seines Lebens bezahlen muss. Darum sind die jungen Leute, die freitags für ihre Zukunft demonstrieren, auch nicht aus jugendlicher Ungeduld heraus radikaler als die herrschende Politik, sondern weil sie schlichtweg andere Interessen haben als ihre Eltern und ihre Regierungen.

Man sieht schon an diesen unterschiedlichen Dimensionen der Klimaungerechtigkeit, dass nicht nur herkömmliche soziale und globale Ungerechtigkeiten verstärkt werden, sondern dass sich mindestens mit dem Interessenkonflikt zwischen den Generationen eine ganz neue Dimension von Ungerechtigkeit eröffnet. Doch sind die Klimaungerechtigkeiten auch deshalb von anderer Qualität als die sozialen, weil es für sie keine plausiblen oder zumindest kulturell eingeübten Begründungen gibt. Die extreme Ungleichheit in kapitalistischen Gesellschaften wird üblicherweise dadurch gerechtfertigt, dass nur diese Ungleichheit, die Chance, extrem viel zu verdienen, Innovation ermutigt und die richtige Allokation von Investitionen gewährleistet. Lassen wir hier einmal dahingestellt, ob, und wenn ja, in welchem Maße das plausibel ist, und fragen wir stattdessen: Kann man diese Standardbegründung für Ungleichheit auch auf die Klimaungerechtigkeiten übertragen? Warum sollte dieselbe gesellschaftliche Struktur, die Gewinn maximiert, Emissionen minimieren? Ist es für den Gesamtnutzen einer Gesellschaft wichtig und richtig, dass jemand, der viel Geld verdient, auch mehr Kohlendioxid emittieren darf als andere und sich zugleich von den Folgen des Klimawandels loszukaufen vermag? Ist es begründbar, dass beispielsweise ein Deutscher, der idealerweise mit einer Erfindung und ihrer Vermarktung zig Millionen verdient hat, 100-mal so viel Kohlendioxid in die Luft bläst wie ein Bangladeschi, dem dafür zum Dank die Hütte unter dem Hintern wegschwimmen wird? Ist es für die Wohlstandsgewinnung eines Landes wichtig und richtig, dass die 70-jährige Fabrikantin regelmäßig zum Shoppen nach Dubai fliegt und ihre Enkelin dafür künftig die Hälfte ihres Einkommens für die Bewältigung der Klimafolgen aufwenden muss, während Oma schon in ihrem 20 000-Euro-Sarg liegt?

Emissionen sind kein Wohlstand. Wenn der CEO Millionen Euro ausgezahlt bekommt, dann im Idealfall, weil es dem Unternehmen insgesamt besser geht und weil es allen Arbeitern ein bisschen besser geht. Dass der CEO

Millionen von Euro verdient, wird also dadurch gerechtfertigt, dass er damit den Arbeitern zu Tausenden von Euro verhilft. Ich verdiene das 100-Fache, weil du meinetwegen das Doppelte verdienst. Doch wie sieht das beim Klima aus? Ich emittiere das 100-Fache, damit du das Doppelte emittieren kannst? Das ergibt erkennbar keinen Sinn. Emissionen oder verbrauchte Natur ähneln wohl eher Wohnraum als Kapital. Sie sind ein begrenztes Gut, das für alle notwendig ist, um gut zu leben. Wenn schon die Unvermehrbarkeit und Unentbehrlichkeit des Bodens tiefe Eingriffe in das Eigentumsrecht legitimieren, wie sieht es dann mit anderen natürlichen Gütern aus? Mit Wald, mit Wasser, mit Luft, mit Tieren? In anderen Worten, ist die Natur nicht etwas, das vom kapitalistischen Verbrauch ausgeschlossen werden muss?

Der Kapitalismus kann den Reichtum – leidlich – legitimieren, die Klimakrise unterminiert diese Legitimation. Wo sein Erwerb noch so gerade eben begründet werden kann, da wird sein Gebrauch zur asozialen Handlung, das Prestige des Reichtums wird im Zeitalter der Ökologie rapide abnehmen, womit auch ein wesentlicher Antrieb für seinen Erwerb an Kraft verliert. Kann das der Kapitalismus verkraften? Muss man sich um ihn Sorgen machen?

Die Begründungen für die soziale Ungleichheit in kapitalistischen Gesellschaften funktionieren nicht für die Klimaungerechtigkeit. Deren logischer und legitimatorischer Fluchtpunkt sind jene 2000 Kilo Kohlendioxid-Ausstoß pro Jahr pro Mensch. Wohlgemerkt: Fluchtpunkt, denn natürlich wird man an dieser Stelle niemals völlige Gleichheit herstellen können, schon weil eine lückenlose Kontrolle weder wünschenswert noch möglich ist. Fluchtpunkt bedeutet vielmehr zweierlei: Erstens, dorthin muss klimagerechte Politik zielen, und zweitens, ab dem 2001. Kilo steigen die Begründungslasten exponentiell.

Die Menschheitlichkeit des Klimaproblems bricht sich an dieser Stelle hart mit der marktwirtschaftlichen Ungleichheit. Wie dieses Problem gelöst werden kann, das ist eine offene Frage. Die Antwort, dann müsse der Kapitalismus eben endlich abgeschafft werden, springt jedenfalls zu kurz, mal ganz abgesehen davon, dass »Kapitalismus« ein zu großes Wort ist, als dass es noch irgendetwas Bestimmtes bezeichnete. Und doch gibt es beim Klimathema unverkennbar eine sozialistische Drift, vor der man sich umgekehrt auch wieder nicht fürchten sollte. Mit den üblichen Argumenten gegen sozialdemokratische oder sozialistische Politik lässt sich die der Klimakrise innewohnende Logik auch schwerlich außer Kraft setzen. Wahrscheinlich kann die Verschärfung der sozialen Frage durch die ökologische begrifflich und politisch sowieso nicht behoben werden, sondern nur durch die klimapolitische Wende selbst, also durch den Ausstieg aus der fossilen Wirtschaftsweise. Bis es so weit ist, stärkt das Klimaphänomen eigentlich die Argumente derer, die sich für mehr soziale Gleichheit einsetzen, weil eben die ökologische Krise die soziale verschärft.

Dagegen hat sich in den Debatten der vergangenen

Jahre ein Argumentationsmuster aufgebaut, das versucht, die Ökologie gegen das Soziale in Stellung zu bringen. Wie das funktioniert, ist bekannt: Da die meisten, die sich öffentlich als Klimaschützer betätigen, mindestens aus der Mittelschicht stammen (so wie fast alle anderen, die privilegierten Zugang zu einer größeren Öffentlichkeit haben), wird der Kampf gegen den Klimawandel als Projekt einer Elite verunglimpft, die sich ohne Rücksicht auf die Armen für die Verteuerung von Energie, Autofahren und Lebensmitteln tierischen Ursprungs einsetzt. »Ökologie muss man sich leisten können« – so lautet hier die Spottformel. Tatsächlich haben die Ökologen und die Grünen in Deutschland an dieser Stelle eine offene Flanke, weil sie selten den Gedanken zu vermitteln wussten, dass das untere Drittel der Gesellschaft im Grunde von allen ökologischen Erfordernissen dispensiert werden muss und eventuelle Steuern auf Benzin oder Diesel für sie kompensiert werden müssen. Stattdessen haben die Ökologen eine Atmosphäre mit erzeugt, in der die richtige ökologische Attitude oftmals wichtiger wurde als der reale ökologische Fußabdruck. Menschen aus »einfacheren« Milieus, die sich selbst als am wenigsten sparsam beim Schonen von Ressourcen einschätzen und die ein eher geringeres Umweltbewusstsein haben, belasten die Umwelt laut einer Studie des Umweltbundesamtes von 2016 am wenigsten. Sie fühlen sich viel schuldiger, als sie sind. Da ist offensichtlich was schiefgelaufen in der Kommunikation.

Aber auch in der Politik. Denn das Fehlen einer den ökologischen Problemen angemessenen Politik hat zur Privatisierung des Ökologischen geführt, es zu einer Frage des Lifestyles verkommen lassen. Umweltbewusstsein zeigte sich an ökologischen Gesten und Gadgets (Trinkflaschen aus gebürstetem Aluminium, Fahrräder von bezwingender Schönheit, Ingwer-Shots in gut gekühlten Glas-Ampullen). Nur: Vegan essen beim Wochenend-Trip nach Rom ist einfach viel klimaschädlicher als kiloweise Grillfleisch auf dem heimischen Balkon zubereiten und mit Dosenbier runterspülen.

Aus dieser Schwäche der ökologischen Plausibilitäten wird allerdings von den üblichen Klimabremsern regelmäßig ein gewaltiger Kuchen der Heuchelei gebacken. Denn die stammen aus demselben Mittelschichtsmilieu wie die Ökologen auch, verbrauchen also mindestens so viel Kerosin und Benzin wie die skrupulöseren Grünen-Wähler, um dann aber im Namen der Armen ihre eigenen Kohlendioxid-Privilegien zu verteidigen. Porsche fahren für das Proletariat gewissermaßen.

Auch die sozialdemokratische Elite mit ihrem notorisch schlechten sozialen Gewissen verfiel zuletzt öfter dieser populistischen Versuchung. Anstatt sich darauf zu konzentrieren, die sozial Schwachen zu verteidigen, die ja nun überproportional unter allen Umweltschäden zu leiden haben und vom Klimawandel am meisten betroffen sein werden, brachten auch sie die Einkommensschwachen gegen die Ökologie in Stellung. Sigmar Gabriel etwa erklärte den öko-gestylten Hipster zum neuen Klassenfeind, während Heinz Buschkowsky, der ehemalige Bürgermeister von Neukölln, Fleisch in rauen Mengen zum Symbol, ja zum Kultobjekt neuer Proletarität erhob und so weiter. Also auch hier: im Namen der Armen Billigfleisch für alle. Denn es ist ja so: Wenn in Deutschland nur das ökonomisch untere Drittel zu viel und zu billiges Fleisch essen würde, dann wäre Deutschland ein (relatives) Tierparadies. Merkwürdig, dass eine banale Wahrheit in dieser Debatte fast untergeht: Natürlich kann man nur von jemandem verlangen, sich ökologisch zu kleiden, zu ernähren und fortzubewegen, der es sich auch leisten kann. Aber man kann eben umgekehrt mit dem Verweis auf diejenigen, die es sich nicht leisten können, den Anspruch an sich selbst nicht nivellieren, wenn man es sich denn leisten kann.

In all dem steckt im Übrigen ein wirklich unangenehmer Paternalismus, im Grunde eine Verachtung gegenüber jenen, die weniger als 2500 Euro brutto im Monat verdienen. Ihnen wird ein ökologisches Gewissen nämlich nicht nur nicht zugemutet, sondern auch nicht zugetraut. Man tut so, als machten sich beispielsweise Ungelernte und Arbeitslose keine Gedanken über die ökologische Zukunft ihrer Kinder, um die Qual der Tiere in den entsetzlichen Ställen, um die Wasserqualität in den Seen und Bächen, aus denen sie ihre Hechte ziehen. Wer von dieser seltsamen Front zwischen Ökologie und Sozialem einmal kurz aufschaut, der wird Metzger mit vegetarischen Söhnen finden, Taxifahrer mit veganen Ehefrauen, Verkäuferinnen, die sich ihre Mandelmilch selber machen, und Paketfahrer, die das wässrige Fleisch für 50 Cent/100 Gramm nicht mehr kaufen.

Diese verquere Debatte lässt sich am Ende nur auflösen, wenn die soziale Dimension des Klimathemas ins Zentrum gestellt wird, was aber auch bedeutet, dem CO_2-Adel, auch dem in der Mittelschicht, umso mehr abzuverlangen. Hoffen kann man allerdings noch etwas ganz anderes: dass nämlich der Wahnsinn – gemeint ist der Wunsch, die Begrenztheit des eigenen Lebens durch das Einverleiben von möglichst viel Lebenszeit anderer und möglichst viel Welt zu kompensieren – sich an dem Klimathema verausgabt und relativiert. Die Klassenkämpfe konnten den Kapitalismus nicht brechen, die Klimakämpfe könnten ihn dagegen aus seinem Wahn befreien.

9. Sinn

»Soll ich, weil's Brauch ist, ein Stück Eisen stecken in das
nächste Fleisch oder ins übernächste, mich dran zu halten,
weil die Welt sich dreht? Herr, brich mir das Genick im
Sturz von einer Bierbank.«

Heiner Müller, »Die Hamletmaschine«

Der Mensch hat tröstende Kulte, weltumspannende Philosophien und ausgefeilte Religionen geschaffen, um mit seinen beiden größten Problemen fertigzuwerden: Das Leben ist endlich. Und es hat keinen vorgegebenen Sinn.

Zumindest dem westlichen Menschen ist der Trost durch den Kult und das Jenseits allerdings weitgehend verloren gegangen. Viele glauben nicht mehr an einen Gott, und selbst denen, die sich noch zu einer, meist der christlichen Religion bekennen, füllt dieser Glaube oft nicht mehr den ganzen Sinn-Raum aus.

Die Ersatzreligion des Menschen, der den Odem Gottes in seinem Leben nur noch schwach verspürt und über die Existenz und Beschaffenheit des Jenseits ernste Zweifel hegt, ist: die Steigerung. Er sieht sich als Teil einer erhabenen großartigen Geschichte, die besagt, dass sich die Menschheit immer höher entwickelt, dass der Mensch die Welt zu einem immer besseren Ort mache und vor allem dass an der Spitze dieser Entwicklung als unermüdlicher Antreiber und je amtierende Avantgarde der Weltgeschichte er selbst stehe. Oder sie. Meist er.

Freiheit, Demokratie, Wohlstand, technischer Fortschritt, Eroberung und Erschließung aller Räume, auch des Weltraums – davon Teil zu sein gibt jedem Leben einen zusätzlichen Sinn, wie alltäglich und zweidimensional es ansonsten auch aussehen mag. Von diesem teleologisch gefärbten Narrativ gibt es auch eine private Ausfertigung, die lautet: »Unseren Kindern soll es einmal besser gehen.« Ihr Leben gibt dem unseren einen zusätzlichen Sinn. Wenn es ihnen in einem wie auch immer, meist materiell definierten Sinn besser geht als uns, den Eltern, dann haben wir nicht umsonst gelebt.

Es bedarf weder einer Lupe noch eines Fernglases, um zu erkennen, dass diese Sinnkonstruktion des westlichen Menschen in allen ihren Bestandteilen gerade wankt, wenn nicht kollabiert. Der Westen befindet sich in einem relativen Niedergang, seine militärische, moralische und wirtschaftliche Macht schwindet, während diese Macht am anderen Ende der Welt wächst. Unterdessen erweist sich die westliche Lebensweise in vielerlei Hinsicht für den Planeten und damit auch die Zukunft der Menschheit als toxisch, das Werdet-so-wie-Wir kollidiert mit dem Macht-es-uns-bloß-nicht-Nach. Das westliche Prinzip »Glück durch materielle Ausdehnung« stößt nun hart an die Grenze seiner Reproduzierbarkeit. »Wir verstehen jetzt, die

Globalisierung der Glücksexperimente ist ohne die Globalisierung der Nebenwirkungen nicht zu haben«, schreibt Sloterdijk.

Und den Kindern können wir (wenn wir können) gar nicht genug Bildung angedeihen lassen, nicht genug Lebensversicherungen hinterherwerfen und Eigentumswohnungen vererben, als dass sie uns nicht spätestens in der Mitte ihres Lebens verfluchen werden, weil wir ihnen – Stand heute – eine überhitzte Atmosphäre und eine versehrte Natur hinterlassen haben werden. Nur wenn es dem Westen gelingt, den materiellen Durchsatz, den er für sein Glück braucht, rapide zu senken, kann er sich selbst künftig im Spiegel ansehen und seinen Kindern in die Augen schauen. Um es klar zu sagen: Die ganze westliche Sinnkonstruktion hängt an einem seidenen grünen Faden.

Aus diesem Grund wirft die Klimakrise zwei fundamentale Fragen auf: Was um Himmels willen ist los mit uns, dass wir die Natur zerstören? Und was macht es mit uns, dass wir die Natur zerstören?

Beginnen wir mit der ersten Frage und mit einem weiteren Zitat von Peter Sloterdijk: »Wahrscheinlich ist, dass man die Romantik der Explosion, allgemeiner gesprochen: die physischen, ästhetischen und politischen Derivate der plötzlichen Energiefreisetzung, von den künftigen ›sanften‹ Solartechnologien her im Rückblick als Ausdruckswelt eines massenkulturell globalisierten energetischen Faschismus beurteilen wird.« Abgesehen vom hier mal wieder etwas freihändig verwendeten Vokabular des vorigen Jahrhunderts, weist Sloterdijk auf einen wichtigen Aspekt hin. Bevor die Menschen wussten, was sie mit der Fossilisierung ihres gesamten Lebens der Natur antun, haben sie es sich erst einmal selbst angetan. Bei fast allem, was wir den lieben langen Tag so machen, sind die Verstärkung, Erleichterung, Steigerung durch fossile Energie im Spiel. Und bei sehr vielem, was uns außerhalb des Sexuellen erregt und anmacht, ist maximaler Naturverbrauch in kürzester Zeit am Werk. Außerhalb seiner eigenen Arbeit ist der Mensch Kunde, und als solcher verlangt er, König zu sein, ganz selbstverständlich geht er davon aus, dass ihm prinzipiell alles auf dieser Welt jederzeit zur Verfügung steht. Dieser Anspruch auf alles jederzeit konnte überhaupt nur durch Fossilisierung und Globalisierung entstehen, er ist das Produkt einer Kultur, die es verstand, ungeheure unter der Erde liegende Energie für sich nutzbar zu machen. Und nach anderthalb Jahrhunderten fossil verstärkter Glückssuche kann man wahrscheinlich nicht einmal mehr sagen, dass der westliche Mensch mit seiner Lebensweise etwas kompensiert, weil das Kompensat mit dem Eigentlichen mittlerweile zu eng verwoben ist. Das wieder auseinanderzubekommen dürfte eine der schwierigsten Aufgaben der nächsten Jahrzehnte werden.

Die westliche Kultur erweist sich in weiten Teilen als eine endlose Kette von Einverleibungen, von Bereisung, Erregung, Beschleunigung und – nicht zuletzt – von Mahlzeiten. Das Äquivalent für den Verbrennungsmotor bei der Mobilität ist das Fleischessen bei der Ernährung. Gemüse ist nur Fahrrad, Fleisch ist Auto, Huhn ist Kleinwagen, Steak ist Sportwagen, Schwein ist SUV.

Um einen Moment lang beim Fleisch zu verweilen: Eingehüllt in den Vorwand des Existenziellen – Leben zu nehmen, um leben zu können –, hat sich die Menschheit, angeführt vom Westen, in eine regelrechte Raserei des Fleischessens und Tieretötens hineingesteigert. Die Vernichtung der Regenwälder, die Zerstörung der Auen, die Begradigung der Bäche und Flüsse, die Beseitigung der Wildwiesen, ja die Umgestaltung der gesamten Erde – das alles stand und steht im Dienste des Fleisches. Mittlerweile hat das zu folgender grotesken Disproportion, man könnte auch sagen Karikatur geführt: Das Gewicht aller Menschen auf der Erde beträgt 60 Millionen Tonnen, das seiner Nutztiere 100 Millionen, während die wild lebenden Säugetiere auf 7 Millionen Tonnen geschrumpft sind. 97 Prozent aller Säugetiere sind also entweder Menschen oder aber Tiere, die er verspeist oder sonst wie benutzt.

Das ist von dem übrig geblieben, was einmal Natur genannt wurde.

Man muss sich wirklich fragen: Welche Art von Hunger wird da eigentlich befriedigt? Der menschliche Körper käme mit einem Bruchteil dieser Fleischmenge nicht nur aus, sondern viel besser klar. Offenbar geht es aber um etwas anderes als Ernährung, vielleicht zielt es eher darauf, sein eigenes Leben in einem spirituellen Sinne mit fremdem Leben anzureichern, wobei dieser Vorgang der Einverleibung fremden Lebens auf so entfremdete und mechanische Weise geschieht, dass im modernen Essvorgang das Tier zugleich ganz da ist und völlig abwesend. Es ist eine merkwürdige, eine unbefriedigende, flatterhafte Mischung aus Schamanismus und Mechanik.

Der moderne Mensch ahmt in seinem Verhältnis zum Tier den einst mit den Elementen und den Bestien ringenden Naturmenschen irgendwie nach, dabei hat sich das Verhältnis zwischen Mensch und Natur mittlerweile komplett verkehrt: nicht die Natur ist es, die den Menschen bedroht, sondern umgekehrt: der Mensch verwandelt Natur in Parklandschaft, in Nutzlandschaft und in eine Müllhalde.

Man könnte diese dramatische Verkehrung im Verhältnis von Mensch und Natur auch als vierte Kränkung des Menschen bezeichnen. Sigmund Freud zählte noch derer drei: die kosmologische Kränkung, die darin besteht, dass sich die Erde nicht im Zentrum des Universums befindet; die biologische Kränkung, die daher rührt, dass der Mensch (außer eben Mike Pence) nicht direkt von Gott geschaffen wurde, sondern von einer Art Affe abstammt; drittens die psychologische Kränkung, also die Einsicht, dass das Ich nicht allein im Hause ist, sondern beständig vom Es bedrängt und ausgetrickst wird. Nun also die vierte Kränkung, dass der Mensch nicht der große Bezwinger der Natur ist, sondern der größte Zerstörer, den es in der Erdgeschichte je gab. (Als fünfte wartet noch eine weitere Kränkung auf den Menschen, dass er nämlich nicht mehr das intelligenteste Wesen auf Erden sein wird, sondern die KI, die er selbst gerade erschafft.)

Am deutlichsten wird der schale Triumphalismus gegenüber der Natur bei der Jagd, insbesondere auf jene Tiere, die das imposanteste Gegenüber des Menschen auf der Erde darstellen: der Löwe, das Nashorn und der Wal. Nach wie vor zahlen Leute Unsummen dafür, den König der Tiere erlegen zu können, um dann in triumphaler Pose ein Foto davon machen zu lassen. Vor allem in Asien werden Männer und Partys damit in Erregung versetzt, dass sie zu horrenden Summen erworbenes geraspeltes Horn von Nashörnern in ihre Drinks mischen, um sich die urtümliche Wildheit, die majestätische Fremdheit dieses Tieres in den eigenen Körper zu holen. (Rein chemisch betrachtet würde Nägel kauen allerdings denselben Zweck erfüllen, ist eine ganz ähnliche Substanz.)

Doch handelt es sich nur um die Simulation eines vergangenen Mensch-Natur-Verhältnisses. Die meisten Löwen, die da geschossen, und die meisten Nashörner, die da erlegt werden, wurden eigens zu diesem Zweck gezüchtet und herangezogen. Der Mensch triumphiert über eine vergrößerte Hauskatze und über einen gut gefütterten Unpaarhufer. Selbst die Bestie ist ein Nutztier.

Manche Japaner wiederum können und wollen vom Walfang bekanntermaßen nicht lassen. Sie schießen mit Widerhaken versehene Torpedos in die schönen Leiber der Zwergwale, so als ob sie sich für irgendwas an den

Tieren rächen wollten. Und hier löst sich das Töten sogar weitgehend vom Essen, denn kaum ein Japaner möchte mehr dieses Walfleisch auf dem Teller sehen. Man tötet, weil man es kann und weil das angeblich zur japanischen Identität gehört. Es hat keinen Sinn, Wale zu töten – aber es gibt Sinn.

Durch das Töten und Ausrotten seiner spektakulärsten, erhabensten Mitgeschöpfe, auch durch das Verhaustieren seines biologischen Gegenübers begibt sich der Mensch in eine tief traurige biologische Einsamkeit. Wenn alle Lebewesen dem Nutzen des Menschen unterworfen werden, dann muss er eben auch alle Sinnlast der Schöpfung alleine tragen, alles Leben ist Nutzen, nur der Mensch ist Zweck. Ob er damit auf Dauer gut klarkommt?

Auch in Deutschland zeigt sich im Übrigen das Rachebedürfnis an der Natur, und zwar in der Art und Weise, wie über die anderthalb Tausend Wölfe diskutiert wird, die sich mittlerweile über 357 386 Quadratkilometer Fläche verteilen und die ab und an ein paar Schafe reißen. Unabhängig davon, wie man nun zur »Entnahme« von Wölfen steht, die Emotionalität der Debatte lässt sich rational nicht erklären. Vielleicht aber so: Dass wir die Natur zerstören, werden wir dem Wolf nie verzeihen.

Jede Äußerung und jede Tat, die darauf zielen, die Simulation des überkommenen Mensch-Natur-Verhältnisses zu stören oder darauf hinzuweisen, dass der Mensch weder Sieger noch Heger, sondern Täter ist, werden als Bedrohung gesehen. Fahim Amir weist in seinem Buch

»Schwein und Zeit« darauf hin, dass der US-Präsident George W. Bush am 27. November 2006 ein Gesetz unterzeichnet hat, das sich »Animal Enterprise Terrorism Act« nennt. Dieses Gesetz stellt alle Handlungen unter Strafe, »die mit der Absicht unternommen werden, die Tätigkeiten tiernutzender Unternehmen zu beschädigen oder zu beeinflussen« – und zwar als »Terrorismus«. Dies geschah fünf Jahre nach *nine/eleven.*

Tierschützer als Terroristen, Fleisch über alles, jagdliche Triumphe über zahme Wildtiere, Rache an den Walen, Wut auf Wölfe – möglicherweise verhält es sich ja alles umgekehrt: Wir töten Tiere nicht, *obwohl* sie uns biologisch am nächsten sind, sondern *deswegen.* Wir essen nicht auf eine fast schon süchtige Weise Fleisch, weil es schmeckt oder gar nährt, sondern weil es etwas beweisen soll und doch nicht wirklich kann: dass wir nämlich immer noch die Sieger im Dschungel des Lebens sind und nicht die bequemen Schänder mit der Gabel.

Und was macht es nun mit uns, dass wir die Natur zerstören, dass wir dabei sind, die Atmosphäre derart aufzuheizen? Dass wir die Zukunft verdunkeln und uns abrupt von der Erde entfremden, die wir kennengelernt haben, dass wir uns unserer Heimat berauben und unsere eigene Zukunft zerstören?

Das letzte, bisher noch nicht erwähnte Residuum der Selbstachtung des naturzerstörenden Menschen firmiert unter dem Stichwort Überbevölkerung oder Begrenzung des Bevölkerungswachstums. Und in der Tat: Mit der

Hälfte der zurzeit auf dem Planeten lebenden Menschen ließen sich die Klimaprobleme leichter in den Griff bekommen. Wahr ist auch, dass aus ökologischen Gründen das Wachstum der Bevölkerung so bald als möglich gebremst werden sollte. Nur: Bis zur Mitte dieses Jahrhunderts, wenn die Klimawende bereits vollzogen sein muss, kann keine vertretbare Methode eine relevante Verringerung der Erdbevölkerung erreichen. Und auf längere Sicht helfen bekanntermaßen – außer Repression – nur Wohlstand und soziale Sicherheit, um zu einem Bevölkerungsrückgang auf freiwilliger Basis zu gelangen.

Das Bevölkerungswachstum als Argument hat jedoch noch eine andere Funktion – mit dem Begriff Überbevölkerung soll nämlich die schlichte Tatsache relativiert werden, dass nicht in erster Linie zu viele Menschen das Problem sind, sondern Menschen, die viel zu viel verbrauchen. Letztere stehen ökologisch gesehen jeweils für vier, für zehn oder gar für 100 Menschen, es geht also nicht um Über-Bevölkerung, sondern um Über-Menschen. Drei Viertel des weltweiten Agrarlandes dienen nur der Fleischproduktion. Halbierte man den Fleischkonsum etwa, so könnten weitere Milliarden Menschen gut ernährt werden. Wenn hingegen der Fleischkonsum konstant bleibt, dann muss für die wachsende Weltbevölkerung zusätzlicher Wald in der Größe Indiens zu Agrarland umgewandelt werden.

Die hinter allem lauernde, die wahrhaft markerschütternde Frage an die Vierfach-Menschen lautet: wofür?

Die Zukunftsverengung, die Abermillionen Klimaflücht-
linge, die gigantischen Kosten für die Klimabewältigung,
die leidenden Tiere, die untergehenden Inseln und die
erbleichenden Korallenriffe – wofür genau muss das alles
gleich noch mal sein?

Wir kennen alle die Antwort, sie lautet: für den Wo-
chenendtrip, für die Bequemlichkeit, für das Völlegefühl,
für den Transport von sieben Zentimetern Penis in zwei
Tonnen Stahl, für das 15. Hemd und das 25. Paar Schuhe,
für das Geld, das Geld macht, für den maximalen Profit,
der dann doch nur in einem langweiligen Lamborghini
oder einem klobigen Bentley endet. Für WTF. Das ist die
Antwort, die jeder kennt und die niemand ertragen kann,
weil sich darin eine niederschmetternde metaphysische
Erbärmlichkeit zeigt, es ist die sechste, die tiefste Kränkung. So möchte keiner sein, weswegen die Rituale und
Denkgebäude des Verdrängens mittlerweile die Größe
und Komplexität von Weltreligionen angenommen haben.

Man kann diese Frage auch noch weiter zuspitzen.
Denn wenn man ehrlich in sich hineinhorcht, dann finden
sich doch arge Zweifel daran, dass es der Menschheit gut
ginge, wenn es dieses verfluchte Ökologieproblem, diese
schreckliche Begrenzung nicht gäbe. Wäre alles in Ordnung, wenn wir eine zweite Erde im Keller hätten? Wären
wir dann glücklich? Oder brauchen wir nur deshalb so
viele Erden, weil wir so unglücklich sind?

Die ökologische Kränkung, die metaphysische Erbärmlichkeit, der generationelle Verrat, das In-Stellung-Brin-

gen des 20. Jahrhunderts gegen das 21., die ausufernden Exerzitien des Leugnens und Vernebelns, das angstvolle Beharren auf der Unfehlbarkeit der überkommenen Mitte-Politik und natürlich die sich verschärfenden ökologischen Konflikte selbst – wie um alles in der Welt soll dieser Byzantinismus des fossilen Zeitalters dem immer stärkeren Druck der wissenschaftlichen Erkenntnisse und vor allem der anbrandenden Realität des Klimawandels standhalten? Welche Art von Energie muss dafür zusätzlich mobilisiert werden?

Die Antwort darauf ist leider einfach, sie lautet: Aggression.

Die autoritären Bewegungen werden für gewöhnlich als Ausdruck eines neuen Nationalismus angesehen, als eine Renaissance von Ideologien oder ideologischen Versatzstücken aus dem vergangenen Jahrhundert. Falsch ist diese Interpretation gewiss nicht, aber verkürzt. Sie sind auch schon Vorboten einer aggressiven Antiklima-Bewegung, also eines originalen Autoritarismus des 21. Jahrhunderts. Die »Wahren Finnen« gewinnen ebenso Stimmen mit Polemiken gegen die »Klimahysterie« wie die rechtspopulistischen Niederländer vom sogenannten »Forum für Demokratie«. Doch dabei bleiben diese Leute nicht stehen. Es fällt schon auf, dass diese Bewegungen und Parteien, diese Männer gegenüber der Natur alles andere als bloß gleichgültig sind. Ob nun Brasiliens Jair Bolsonaro, Amerikas Donald Trump oder Polens Jaroslaw Kaczynski, sie alle begnügen sich keineswegs damit, gegen Ökologen zu hetzen oder das Pariser Abkommen zu verhöhnen. Ihre Aggression richtet sich direkt gegen die Natur. Sie wollen keine Rücksicht nehmen auf den Regenwald, legen lustvoll Ölpipelines durch Naturschutzgebiete, lassen noch möglichst viel Urwald abholzen, bevor der unter Naturschutz zu geraten droht. Trumps Anhänger fertigen Videos ihrer anti-ökologischen Irrfahrten mit Pick-ups an, bei denen sie die Filter rausgeschraubt haben, damit möglichst viel Dreck in die Luft gelangt. Man darf sich da nicht täuschen, die Aggression gegen die Natur ist mehr als nur irre, vielmehr stellt sie den Versuch dar, auf magische Art die These vom Klimawandel zu widerlegen, indem man ihn befördert. Victim Blaming wird das in anderen Zusammenhängen genannt.

Die Autoritären sind *noch* eine anti-liberale Bewegung aus dem 20. Jahrhundert und *schon* das Gefäß für eine offen anti-ökologische Politik. Sie wollen den Menschen, ihren Anhängern die Lasten der Verdrängung von den Schultern nehmen, sie wollen die Kränkung rächen (auch diese), sie möchten endlich ausbrechen aus der moralischen Defensive und blasen darum zum Gegenangriff: Jagen, Töten, Verschmutzen, Roden. Auf die rührende Frage, ob man denn nun nicht langsam mal genug getan habe für die Natur, antworten sie: ja, und ob! Jetzt wird die Natur mal wieder etwas härter angefasst.

Wenn die Glaspaläste der Verdrängung immer mehr Sprünge bekommen, wird man in die Aggression gehen – oder sich endlich ernsthaft für eine Politik, eine

Wirtschaft, eine Lebensweise der Schonung und der Rettung entscheiden. Auch dies wird alles andere als leicht. Schon weil es ein Zurück zur Natur nicht geben kann. Nach der Selbstbehauptung gegenüber der Natur und der Schändung der Natur kommt nun etwas Drittes. Aber wie soll dieses Dritte aussehen? Das ist noch nicht richtig zu sehen.

Schließlich wissen wir auch nicht, was ohne die Simulation des Existenziellen und die Verwöhnung durch fossile Energie aus unserer Psyche wird. Wir können nicht vorhersagen, wie wir mit halbiertem materiellem Verbrauch glücklich sein können. Und wir wissen genauso wenig, was aus den Ländern wird, die vom Verkauf fossiler Energie abhängig sind. Für Russland, Saudi-Arabien, die Emirate oder Venezuela wäre es zunächst mal ein Albtraum, wenn die Menschheit sich doch noch an das Pariser Abkommen hielte. Die Ordnung dieser Welt ist eben auch geopolitisch eine fossile. Alles wird anders, vieles wird Abenteuer.

10. Auswege

»Wir müssen aufhören, nur uns selbst zu fixieren;
Wir müssen unseren Blick ein wenig entmenschen und
zuversichtlich werden
Wie Fels und Ozean, aus denen wir geschaffen sind.«

Robinson Jeffers

Die meisten Bücher, die sich um Ökologie drehen, haben eine ähnliche Struktur: Zuerst wird das Drama in grellen Farben oder in frösteln machender Nüchternheit vorgeführt, um am Ende in einer großen Volte zu behaupten, die Rettung sei im Grunde ganz leicht, man müsse nur wollen. Ganz falsch ist das auch nicht. Denn zweifellos ist die Lage dramatisch und tatsächlich steht weitgehend alles Wissen, stehen alle marktwirtschaftlichen Instrumente und beinah alle Technologien zur Verfügung, um eine Wende bei der Naturzerstörung herbeizuführen. Letzteres allerdings schon seit vielen Jahren, weswegen es so ganz einfach eben doch nicht sein kann. Aufklärung und Innovation scheinen schwächer zu sein als ihre Gegenkräfte. Die Wende mag also schön werden, womöglich sogar befreiend, aber leicht? Gewiss nicht.

Beginnen wir mit dem Befreienden und dem Schönen.

In diesem Buch habe ich versucht, die neue schlechte Religion Verdrängung zu analysieren, und beschrieben, welch ungeheuren Aufwand Gesellschaft, Politik, jede Einzelne und jeder Einzelne treiben müssen, um nicht sehen zu müssen, was immer unübersehbarer wird: die Erwärmung selber, die Entfremdung von der Natur, die Entfremdung zwischen den Generationen, das schlechte Gewissen, das aus den Kinderzimmern kommt, die Erbärmlichkeit. Aber wie kommt man, wie kommt dieses Land heraus aus Verdrängung und Neurose? Gewiss nicht durch einen einzigen Kraftakt. Doch je mehr eine Gesellschaft oder ein Mensch tut, um etwas zu verändern, desto mehr sind sie auch wieder in der Lage hinzusehen. Paradoxerweise weiß ja der Veganer üblicherweise mehr über Tierhaltung als der Fleischesser, der Nicht-Flieger mehr über die idiotischen Nebenwirkungen der Luftfahrt als der Viel-Flieger. Denn es ist das schlechte Gewissen, das uns zwingt, die Augen zu schließen. Und so kann im Umkehrschluss eine Dynamik entstehen, in der man immer mehr hinsehen kann, weil man immer mehr verändert, und man immer mehr verändert, weil man immer genauer hinsieht. Das Ergebnis wäre dann: weniger CO_2 – und mehr innere Freiheit.

Noch weiter beschleunigt und erleichtert würde diese Dynamik, wenn die Politik endlich damit beginnen würde, den Rahmen so zu setzen, dass ökologisches Verhalten nicht bestraft, sondern belohnt wird. Das Bedrückende, das jeder zunächst einmal empfindet, wenn er oder sie die ökologischen Notwendigkeiten auf sein eigenes Leben herunterbricht, kommt schließlich vor allem daher, dass dem Individuum ein so hoher Anteil an der Verantwortung aufgebürdet wird. Man muss sich ja nur vorstellen, was geschähe, wenn der Sozialstaat ähnlich schwach ausgebildet wäre wie der Ökostaat. Schwer würden alle sozialen Ungleichheiten und alle Nöte der Ärmeren auf dem Gewissen derer lasten, die es etwas besser haben, ständig müsste man seinen inneren Schweinehund in den Hintern treten, immerzu würde er dennoch obsiegen. Es hört sich vielleicht nicht gut an, stimmt aber trotzdem: Demokratische Politik bedeutet, die soziale und ökologische Muskulatur des Einzelnen zu entlasten – jedenfalls teilweise. Politik hat die Aufgabe, das Richtige zur Struktur werden zu lassen, das Gebotene zu gebieten. Solange man für 30 Euro nach Rom fliegen kann, bedarf es eines gewissen asketischen Heldentums, darauf zu verzichten. Und Heldentum ist nun mal etwas für Minderheiten.

An dieser Stelle hört man die Politiker schon aufseufzen, weil sie genau damit so viele schlechte Erfahrungen gemacht zu haben glauben, nämlich mit dem staatlich verordneten ökologisch nachhaltigen Verhalten. Doch das reden sie sich nur ein. Tatsächlich wurde die große ökologische Wende nie ausgerufen, weswegen jede einzelne, auch die zaghafteste Maßnahme die maximale Legitimationslast zu tragen hatte und mit der Goldwaage gewogen wurde: eine Ökosteuer, aber bitte ohne steuernde Wirkung, also sowohl lästig wie wirkungslos. Verbesserte

Bedingungen in der Schweinehaltung, aber doch nur so wenig Quadratzentimeter mehr Platz, dass die Preise nicht steigen, allerdings werden die Schweine davon auch nicht weniger krank, also wieder: lästig und wirkungslos. Wenn man sich die Gesamtheit aller ökologischen Maßnahmen in Deutschland anschaut, so wird man darin schwerlich die Konturen einer Wende nach vorn entdecken, sondern die Fluchtwege der Politik vor dem Volk und mehr noch vor der Wirtschaft.

Und dauernd endet die Politik damit in der Sackgasse. Beispiel Kohlekompromiss. Eine von der Regierung eingesetzte Kommission legte im Januar 2019 einen Vorschlag vor, um im Energiesektor einen Pfad zu eröffnen, der es möglich macht, die Pariser Ziele doch noch zu erreichen. Das ist bei extrem optimistischer Rechnung auch möglich. Allerdings sind die Kosten horrend. 60 Milliarden Euro wird es den Steuerzahler demnach kosten, dass Deutschland endlich aus der Braunkohle aussteigt. Die Summe kommt vor allem dadurch zustande, dass einige Tausend Arbeitsplätze im Bergbau kompensiert werden sollen. Das allerdings hätte man bei einer vorausschauenden Politik weit billiger haben können. Nach Veröffentlichung des Kompromisses brach im politischen Berlin nicht etwa Erleichterung aus, sondern Panik. Denn jeder wusste: Nach diesem kostspieligen Modell können die Bereiche Landwirtschaft und Mobilität gewiss nicht klimagerecht umgestaltet werden, denn das könnte niemand bezahlen.

Die Regierung stellt das Klima nicht ins Zentrum, sie

handelt nicht vorausschauend genug, und sie verliert sich im Kleinklein – darum landet sie allenthalben in immer neuen Sackgassen, nicht weil die Sache an sich unmöglich wäre. Statt Synergie entsteht Entropie. Das bedeutet umgekehrt: Eine andere Politik könnte enorme Energien freisetzen.

An dieser Stelle muss etwas zu den Grünen gesagt werden. Natürlich war es angesichts der historischen ökologischen Herausforderungen, vor denen dieses Land steht, fatal, dass die Grünen seit 14 Jahren im Bund nicht mitregiert haben. Das bedeutet jedoch umgekehrt keineswegs, dass mit einer grünen Regierungsbeteiligung die Dinge rasch ins Lot kämen. Zum einen ist die Ökologie zu groß für die Grünen. Wenn nicht alle – oder fast alle – Parteien in den Wettbewerb um die besten Lösungen eintreten, dann wird es sehr schwer, wenn nicht unmöglich. Zum anderen sind auch die Grünen in der alten Mitte-Politik gefangen. Die Generation der 68er, aus der etwa Joschka Fischer, Ralf Fücks oder Winfried Kretschmann stammen, hat diese Partei zutiefst geprägt. Und die Biografie dieser Männer ist von einer Formel bestimmt: Erfolg durch Anpassung. Alle drei waren in ihrer politischen Jugend, vorsichtig gesprochen, schlimme Finger, Systemfeinde, doktrinär und unerträglich. Bei den Grünen, auf ihrer Reise in die Institutionen, wurden sie hingegen bessere Menschen, sie hatten Erfolg und konnten sogar dieses Land ein bisschen ökologischer und freier machen. Von so einer Heilungsgeschichte erholt man sich nicht mehr so leicht, sie wird selbst zum Dogma. Die bestimmenden grünen 68er und eben auch die Grünen, die gern mal die Geschichte jener Generation mit ihrer Parteigeschichte verwechseln, haben sich geschworen: nie wieder radikal! Als ich einen der genannten Männer in einem Vier-Augen-Gespräch einmal gefragt habe, ob die Kluft zwischen dem, was ökologisch nötig wäre, und dem, was ökologisch getan wird, sich schließt oder weitet, antwortete er ohne Zögern: Die Kluft werde größer. Auf meine Nachfrage, warum er dann nicht ökologische Forderungen erhebt, die diese Kluft schließen könnten, gab er zurück: Dann würden die Leute denken, ich wäre wieder so radikal wie früher. Den Fluchtpunkt seiner Politik bildet also nicht die ökologische Realität, sondern der Abstand zu den traumatischen Anfängen seiner eigenen Biografie. Das Trauma der Abweichung und das Gebot der Anpassung könnten es auch den Grünen unmöglich machen, eine Politik zu formulieren, die symmetrisch zu den Problemen ist – und nicht zu den Biografien. Grün wählen und dann abwarten – so einfach ist es dann eben doch nicht mit der Klimawende.

Eine Regierung, die sich aus den politischen und biografischen Gewohnheiten und Beklemmungen lösen könnte, wäre hingegen in der Lage, ökologische Politik nicht länger durch Fluchtwege zu kartieren, sondern durch Auswege. Manches ist nämlich viel einfacher, als wir das von der bisherigen Politik gewohnt sind. So brächte schon das bloße Streichen umweltschädlicher Subventionen über

50 Milliarden Euro. Eine Steuer auf CO_2 wiederum könnte viele andere komplizierte Subventionen, Vergütungen und Steuern ersetzen. Schon dass auf allen Produkten der CO_2-Ausstoß ausgewiesen werden müsste, würde eine andere Dynamik in Gang setzen. Und wenn die Schulklassen am Wandertag statt ins Klärwerk routinemäßig in die ganz gewöhnlichen Ställe mit ihren 50 000 Schweinen gebracht würden – Transparenz, nicht wahr, man hat ja nichts zu verbergen –, dann würde sich eine Menge ändern in diesem Land.

Allerdings, ohne dass die beiden großen deutschen Finanzdogmen der 2000er-Jahre fallen – keine Steuererhöhungen *und* keine Schulden –, können die Billionen Euro schwerlich aufgebracht werden, die nötig sind, um die Klimawende binnen eines Jahrzehnts zu schaffen.

Um in diesem Zusammenhang noch einmal auf das Schreckgespenst des Verzichts zurückzukommen, vor dem sich ja auch die Politik so fürchtet: Wenn sich eine Gesellschaft auf etwas geeinigt und sich daran gewöhnt hat, dann löst sich der Verzichtsschmerz weitgehend auf. Niemand in Deutschland hat das Gefühl, man verzichte auf die Todesstrafe; fast niemandem fehlt der private Waffenbesitz, der den Amerikanern wie ein unverzichtbares Menschenrecht vorkommt; und wer verzichtet eigentlich noch auf das Rauchen in Restaurants? Man raucht da halt nicht, die anderen auch nicht, keine große Sache.

Und bei all dem Leichten und Befreienden ist das Schöne noch nicht einmal berührt. Denn der weitgehende

Verzicht etwa auf das Auto schafft eine solche Vielfalt von Mobilität, von Geräten und Systemen, dass es eine reine Lust ist. Auch die Kultur der veganen Lebensweise erzeugt zurzeit rund um die Erde täglich neue Produkte, Geschmacksrichtungen und kulinarische Einfälle. Und um hier noch einmal über die Generation der Babyboomer zu sprechen: Wir sind aufgewachsen in völliger fossiler Unschuld, wir verbrauchten Energie, ohne mit der Wimper zu zucken. Erst in der 8oer-Jahren fuhr uns der Klimawandel in die Automobilität wie der HI-Virus in die Sexualität. Aber es könnte sein, dass die Unschuld beim Energieverbrauch zurückkehrt – vorausgesetzt, dass Deutschland die Dekarbonisierung bis 2050 schafft. Und wir lange genug leben.

Befreiung vom Verdrängen, Ende der Privatisierung des Politischen, Politik, die den Einzelnen entlastet und es sich selbst einfacher macht, die befreienden Aspekte des Verzichts – wenn das der Möglichkeitsraum ist, so fragt man sich erst recht: Wo sitzen die Gegenkräfte, was ist um Himmels willen stärker als alle Vernunft, Vorsorge und, ja, Vorfreude?

Der indisch-amerikanische Intellektuelle Pankaj Mishra hat in seinem Buch »Zeitalter des Zorns« eine aufregende Generalkritik an der Politik und der Philosophie des Westens geübt. Mishra bleibt nicht dabei stehen, dem westlichen Liberalismus und Individualismus seine inneren Widersprüche vorzuhalten oder die Kluft, die zwischen hehren Worten (Menschenrechte) und Taten (Ausbeu-

tung) liegt. Er geht einen Schritt weiter, indem er nach-
zuweisen versucht, dass der westliche Liberalismus von
Anfang an eine Philosophie zum Nutzen weniger war,
eine – nach dem Anspruch des Adels zuvor – weitere Ideologie, die eine neue Form von Ausbeutung legitimieren
sollte. Für Mishra ist die in weiten Teilen ausbeuterische,
rassistische und imperiale Geschichte des Westens nicht
etwa die Geschichte einer Abweichung von den eigenen
Idealen, sondern die Erfüllung ihrer Mission.

Wer dieser These als Westler zustimmt, stünde fortan
auf verlorenem Posten: vom Höhepunkt der Geschichte
zu ihrem Paria. Es gibt aber nicht bloß ein triftiges Motiv,
Mishra zu widersprechen, es finden sich auch einige gute
Argumente, etwa dass die anderen, die nicht westlichen
Philosophien und Wirtschaftssysteme nicht zwingend zu
besseren Ergebnissen für die Menschen führen. Im Zusammenhang mit der globalen ökologischen Krise lohnt es
sich jedoch, einen Teil seines Weges mitzugehen. Lassen
wir die Spitze seines Angriffs also mal beiseite (Liberalismus als reine Ideologie der Herrschenden) und versuchen
es etwas bescheidener. Nehmen wir an, der westliche Liberalismus beruhe auf einem individualistischen Bild vom
Menschen, der im Prinzip egoistisch ist, dessen Egoismus
zwar von Moral, Religion, Patriotismus und so weiter in
Schach gehalten, zugleich aber für die freie Markwirtschaft entfacht werden muss, damit anschließend wie
durch Zauberhand private Egoismen in allgemeine Wohltaten überführt werden können. Was aber, wenn die Ver-

edelung der Egoismen zu öffentlichen Wohltaten gar nicht in erster Linie der Magie der freien Markwirtschaft entspringt, sondern einer bestimmten Schräglage in dieser Markwirtschaft, also einer ständigen Übervorteilung Dritter und vor allem der ständigen Zufuhr gewaltiger fossiler Extra-Energien und einer geradezu fantastischen Flut von Rohstoffen und Bodenschätzen, die selber wenig Nebenkosten erzeugten. Lenin hat einmal behauptet: »Der Marxismus ist allmächtig, weil er wahr ist.« Was natürlich in beiden Richtungen nicht stimmt. Aber vielleicht kann man sagen: »Der Liberalismus ist wahr, weil er allmächtig ist.« Oder war. Das würde dann bedeuten, dass der Liberalismus ohne Macht nicht auskommen kann, weil er dann Teile seiner Wahrheit verliert. Könnte es also sein, dass der Westen über ein paar Jahrhunderte in Besitz eines energetischen und stofflichen Beinahe-Perpetuum-Mobile war, das in diesen Tagen zerbricht, weil die kumulierten Nebenfolgen sich mehr und mehr bemerkbar machen?

Und wenn das alles in etwa so sein sollte, was wird dann im Zeitalter der Ökologie aus dem ungeheuer mobilisierenden, aber eben auch explosiven Zentralwiderspruch des Liberalismus, der ja den individuellen Egoismus zugleich entfachen und einhegen will?

Die am nächsten liegende und beruhigende Idee besteht darin, alle Funktionsbedingungen des Liberalismus in Kraft zu lassen und nur die Antriebsenergie auszutauschen, vom schädlichen Öl zur klimaneutralen Sonne. Dieser Gedanke wird nun allerdings auch schon seit drei oder vier Jahrzehnten propagiert und ausprobiert, mit äußerst bescheidenen Erfolgen. Irgendetwas scheint am Konzept markwirtschaftlicher Anreize gepaart mit Freiwilligkeit bei Produzenten und Einsicht bei Konsumenten nicht so recht zu klappen, zumindest reicht es offenbar bei Weitem nicht aus. Zudem konsumiert hier, wie so oft bei der Ökologie, die Dauer einer Debatte ihre Voraussetzungen. Vor 30 Jahren hätte dieser Umstieg von fossil auf solar möglicherweise noch genügt, heute nicht mehr. Es war in diesem Buch bereits die Rede von den zwei Bruttoinlandsprodukten, dem Wohlstands-BIP und dem Notstands-BIP, genau das ist damit gemeint: Formal gesehen mag es unter dem Strich Wachstum geben, es gibt aber trotzdem nicht länger immer mehr zu verteilen. Wozu auch: Der Stoffdurchsatz des Menschen muss ja ohnehin deutlich gesenkt werden.

Um hier noch einmal den Gedanken von der Naivität des Liberalismus gegenüber der Materie aufzunehmen: Wer glaubt, dass sich das ganze System ohne weitere Rückführungen von fossiler Energie auf solare und von Fleisch auf Gemüse umstellen ließe, der verfügt über ein wahrhaft sonniges Gemüt. Er unterschätzt völlig die wohlige Aggression, die in der bisherigen Produktions- und Konsumtionsweise steckt. Der röhrende Motor und das Fleisch von getöteten Tieren geben dem Menschen auch psychologisch und spirituell etwas anderes als das Elektro-Fahrrad und das Kunstfleisch. Leben nehmen, Landschaft einverleiben, Naturschätze konsumieren, das ganze Kundenkönigtum, das sind alles sehr starke Belohnungen – für die Zumutungen des Arbeitslebens zum Beispiel. Und wenn das Kompensat einen anderen, sanfteren, schonenderen Charakter bekommt, kann das ohne Rückwirkungen auf das zu Kompensierende, also etwa die Arbeit bleiben?

Zweifel sind geboten, ob das Wachstum sein explosives Potenzial noch in produktive Bahnen lenken kann. Das Bild vom Individuum, das egoistisch sein darf und auch soll, sagt vielleicht weniger die Wahrheit über den Menschen schlechthin als über einen bestimmten Menschen in einer bestimmten Epoche. Wenn der Egoismus nicht mehr gefahrlos in die Welt hinein explodieren kann, explodiert er womöglich selber.

Wir wissen das nicht. Und dass wir es nicht wissen, darin besteht schon die Krise, genau diese Ungewissheit mobilisiert die oben erwähnten Gegenkräfte wider alle ökologische Vernunft und Einsicht. Wir haben einfach Angst, dass der Egoismus ohne das Luftkissen des Immer-Mehr hart auf unsere Triebe knallt, dass wir schlichtweg ausrasten ohne das alles. Oder vielleicht nicht wir, aber die anderen. Weil wir kein alternatives Bild von uns als Individuen haben. Die Moral, auch die des Christentums, kann in unserer bisherigen Lebens- und Denkweise niemals den Egoismus besiegen, sie eskortiert ihn nur. Das Gute ist zur Niederlage verdammt, wann immer es hart auf hart kommt, so sehen wir das. Und hart auf hart kommt es ja andauernd, weil wir unsere post-existenziellen Bedürfnisse stets als existenzielle Interessen simulieren. Die Sprache der Marktwirtschaft kommt nicht von Adam Smith, sie stammt von Charles Darwin.

Die ökologische Krise ist, so unsere vorläufige These, an ihrem tiefsten Punkt keine Krise der Natur, sondern eine unseres Selbstbildes.

Und also änderbar.

Längst schon hat auch die westliche Zivilisation damit begonnen, Alternativen zum dominierenden, maximal arbeitenden und verbrauchenden Individuum zu entwickeln. Teilweise weil man diesen ganzen maximierenden Zirkus nicht mehr so gut aushält, teilweise weil man nicht mehr produktiv sein und mithalten kann, wenn man nicht auch zum Gegenteil greift: zu einer hierarchiearmen Firma, zur Motivation durch Partizipation statt durch Druck und Drohung, zu einem hegenden statt erziehenden Umgang mit Kindern, zu Entfaltung statt Zurichtung, zu Diversität statt Konformität, zu mehr Weiblichkeit statt frei drehender Männlichkeit, zu Work-Life-Balance statt zur Unterwerfung des Lebens unter die Arbeit, zum Yoga. Es wird wieder mehr geatmet. Man muss sich das einfach klarmachen: Die westlichen Gesellschaften sind in einer Phase angekommen, da sie nur noch leistungsfähig sind, wenn sie den Leistungsdruck verringern. Sie müssen so kreativ sein, dass die militärisch-industrielle Lebensweise, die aus dem vergangenen Jahrhundert in die Gegenwart hineinragt, überwunden wird. Nur hat diese Kultur der Milde noch längst nicht die Hegemonie übernommen.

Noch wird sie von der Maximierungs- und Kompensierungskultur in Dienst genommen. Bei großen Teilen der westlichen Gesellschaft – paradoxerweise bei jenen, die am meisten CO_2 emittieren, also der Mittel- und Oberschicht – braucht man eigentlich nicht mehr so viel Belohnung für die Arbeit, sie ist schon die Belohnung. Aber offenbar nicht genug, auch bei ihnen ist das Alte zu stark.

Trotzdem liegt hier ein Ausweg für die Gesellschaft, die nun hart an ihre ökologischen und philosophischen Grenzen stößt. Das Zeitalter der Ökologie wäre dann das Zeitalter der Schonung – von Mensch und Natur: weniger materielle Kompensation für Arbeit, die uns Lebenszeit raubt, weniger Rache an der Natur für Schmerzen, die wir einander antun.

Um diese Synergie der Schonung überhaupt denken zu können, mag es helfen, etwas anders über den Egoismus zu meditieren als üblich. Vielleicht handelt es sich dabei ja gar nicht um eine dominante Eigenschaft des Menschen, sondern nur um eine spezifische Verhaltensweise während der Kindheit, in der dieses neue Menschlein sich erst einmal durch Abgrenzung und Sich-in-die-Welt-Stellen konstituieren muss. Es könnte dann weiterhin so sein, dass wir ein System entwickelt haben, das den Menschen in dieser Entwicklungsstufe gefangen hält, was wiederum nur möglich war, weil dieser Egoismus in einer bestimmten Phase der menschlichen Entwicklung leidlich funktionieren konnte, unter Voraussetzungen allerdings, die nun rasch schwinden. Wer sich für einen Moment lang von der Vorstellung vom Egoismus als Wesen des Menschen verabschiedet und nur fragt, wie viel Glück auch für den Einzelnen durch Egoismus denn eigentlich geschaffen werde, der wird finden, dass egoistisches Verhalten so viel individuelles Glück produziert wie ein altes chinesisches Kohlekraftwerk Energie – mithin sehr wenig, dafür viel CO_2. Ohne seine fossile Verstärkung und seine materielle Einverleibung ist der Egoismus die vielleicht schlechteste Methode, um ein zufriedener Mensch zu sein. Daher rührt dann vielleicht seine Sucht nach immer mehr Materie und anderen fremden Antriebsstoffen.

In diesem Sinne wäre der Egoismus weder eine Quelle des Fortschritts noch etwas Verwerfliches, sondern einfach eine falsche Ideologie, an die zu glauben wir uns angewöhnt hatten, einfach weil wir es konnten.

Wahrscheinlich stimmt diese Theorie der Schonung nicht ganz, aber etwas mehr als die Theorie vom Egoismus stimmt sie vielleicht schon. Wie dem auch sei, es ist eine Meditation, die dabei helfen kann, der ökologischen Wende mit weniger Furcht entgegenzusehen und mit einer gewissen Neugier auch auf uns selbst.

Es kann aber auch gut sein, dass das alles nicht stimmt. Vielleicht genügt es, die marktwirtschaftlichen Anreize anders zu setzen, eine radikale, aber auf Nachhaltigkeit und Schonung setzende Politik zu beginnen und ansonsten gehen Liberalismus, Kapitalismus und Egoismus einfach so weiter. Manche werden das hoffen, manche befürchten.

Eines aber geht nicht mehr: der Klimawende auszuwei-
chen aus Angst davor, dass sie unsere weltanschaulichen
Gewohnheiten infrage stellt und unsere privaten Sinn-
manufakturen stört.

Zum Schluss – Ökologische Aussichten eines Babyboomers

Letztens wurde ich im Kreise lieber Kollegen gefragt, ob ich denn ein militanter oder eine liberaler Veganer sei. Sofort schwirrten mir derart viele Antworten auf einmal durch den Kopf, dass ich erst einmal gar nichts sagte. Was ich dachte: Mein lieber Kollege, eigentlich fragst du doch nach dem Grad meines Durchgedreht-Seins, aber warum?! Auch dachte ich: Zwei Millionen Schlachtungen täglich in Deutschland, Allgegenwart des Fleischkonsums, Seen voller Milch – und du fragst mich, ob ich militant bin? Möchtest du nicht lieber ein kleines Zwiegespräch mit dem Fisch auf deinem Teller führen, der vom Viktoria-See hierher gebracht wurde? Ich hätte aber auch antworten können: Du kannst gern mal in meinen Kleiderschrank gucken, der quillt über, ich bin also in vielen Bereichen nach wie vor ein ganz normaler Gläubiger des religiösen Wahns »Glück durch materielle Ausdehnung«, keine Sorge.

Es gibt für uns Babyboomer so oder so keinen Grund, die Klappe aufzureißen, weil wir in einer ganz wesentlichen Hinsicht den absoluten, irgendwie auch tragikomischen Höhepunkt der Weltgeschichte darstellen: Niemand vor uns hat so viel konsumiert und emittiert, niemand nach uns wird so wenig mit den Folgen dieses Lebenswandels zu tun haben, weil wir uns ja unserer Verantwortung durch rechtzeitiges Wegsterben entziehen werden. Wir haben also allen Grund, vor unseren Eltern und unseren Kindern den Hut zu ziehen, mit einem kleinen Sorry auf den Lippen. Unsere Eltern wollten, dass es ihren Kindern einmal besser geht. Es war für sie nicht ganz leicht, es zu erreichen, und sie haben es doch meistens geschafft. Wir wollen auch, dass es unseren Kindern einmal besser geht, und wir hatten es leichter, das hinzubekommen. Ob uns das gelungen ist? Fraglich.

Wenn unsere CO_2-Bilanz schon nicht mehr zu retten ist, was bleibt dann noch zu tun? Das ist im Grunde ganz einfach: Weil wir unsere Kohlendioxid-Moleküle ohnehin nicht mehr aus der Luft kriegen werden, sollten wir den Jüngeren wenigstens nicht noch eine zweite Bürde auferlegen, indem wir sie zu Gefangenen unserer Narrative machen. *Wir* haben die Grammatik des 20. Jahrhunderts in- und auswendig gelernt, *wir* haben davon als gut dotierte Wächter unserer Zivilisation erheblich profitiert, *wir* haben die Musik und die Filme genossen und genossen und in der vierten Wiederholung noch einmal genossen, in denen die Befreiung des Menschen aus Tradition und Vorurteil gefeiert wurde, meist aber in Szene gesetzt mit Motorrädern, schnellen Autos, Zigaretten, Reisen und einer nicht immer nur ironischen Distanz zu unserem scheinbar unkultivierteren familiären Herkunftsmilieu, das aber von

der Erde, hätte sie sich eine Bevölkerung wünschen können, gewiss vor uns den Vorzug bekommen hätte.

Wir, die wir so stolz sind auf unsere Aufbrüche, sollten nun einen weiteren wagen, einen, der vielleicht sogar
schwieriger ist als die Emanzipation von der Kriegsge-
neration und gewiss schwieriger als das Ringen mit den
68ern. Man könnte ihn den zweiten ökologischen Auf-
bruch nennen. Wie der genau aussehen könnte? Nun, das
kann keiner alleine wissen, nur alle zusammen. Sind wir
zu alt dafür? Keine Experimente?! Das kann nicht sein,
denn wir akzeptieren ja unser Altern auch sonst nicht, die
Turnschuhe tragen wir sowieso dauernd, dann können
wir auch laufen.

Danksagung

Bei einigen Menschen möchte ich mich bedanken für Inspiration und Information, für Gegenlesen und Gegenhalten:

Luisa Seeling, Petra Pinzler, Kurt Stukenberg, Matthias Geis, Maybrit Illner, René Obermann, Frauke Ahlborn, Elisabeth Raether, Merlind Theile, Fritz Habekus, Stefan Schmitt, Peter Unfried, Reiner Hoffmann, Tine Stein, Rainer Baake.

Literatur

Fahim Amir: Schwein und Zeit. Tiere, Politik, Revolte.
  Hamburg, 2018
Ralf Fücks: Intelligent wachsen. Die grüne Revolution.
  München, 2013
Arnold Gehlen: Moral und Hypermoral. Eine pluralistische
  Ethik. Frankfurt, 1969
Amitav Ghosh: Die große Verblendung. Der Klimawandel als
  das Undenkbare. München, 2017
Naomi Klein: Die Entscheidung. Kapitalismus versus Klima.
  Frankfurt, 2015
Elisabeth Kolbert: Das 6. Sterben. Wie der Mensch Natur-
  geschichte schreibt. Berlin, 2015
Geoff Mann/Joel Wainright: Climate Change. A Political
  Theory of our Planetary Future. London, 2018
Michael E. Mann/Lee R. Kump: Dire Predictions. Under-
  standing Climate Change. New York, 2008
Michael E. Mann/Tom Toles: The Madhouse Effect. How
  Climate Denial is Threatening our Planet, Destroying our
  Politics, and Driving us crazy. New York, 2016
George Marshall: Don't even think about it. Why our Brains
  are wired to ignore Climate Change. London, 2014
Naomi Oreskes/Erik M. Conway: The Collapse of Western
  Civilisation. A View from the Future. New York, 2014
Joachim Radkau: Die Ära der Ökologie. Eine Weltge-
  schichte. München, 2011

Stefan Rahmsdorf/Hans Joachim Schellnhuber: Der Klimawandel. München, 2006

Nathaniel Rich: Losing Earth. Berlin, 2019

Peter Sloterdijk: Was geschah im 20. Jahrhundert?. Berlin, 2016

David Wallace-Wells: The Uninhabitable Earth. A Story of the
Future. New York, 2019

Verwendete Quellen (chronologisch)

Carbon Tracker Initiative, https://www.carbontracker.org

Long-term Climate Change: Projections, Commitments and Irreversibility, IPCC, https://www.ipcc.ch/site/assets/uploads/2018/02/WG1AR5_Chapter12_FINAL.pdf

Global Climate Change – Vital Signs of the Planet, NASA, https://climate.nasa.gov/

NOAA Climate.gov (National Oceanic and Atmospheric Administration), https://www.climate.gov/

Bundesministerium für Umwelt, Naturschutz und Nukleare Sicherheit, https://www.bmu.de/pressemitteilung/folgen-des-klimawandels-in-zukunft-deutlich-staerker/

Climate action tracker, https://climateactiontracker.org/

Europäische Kommission (Klimapolitik), https://ec.europa.eu/clima/policies/international/negotiations/paris_de

Paris Agreement, https://unfccc.int/sites/default/files/english_paris_agreement.pdf

Klimaschutzbericht 2018, https://www.bmu.de/download/klimaschutzbericht-2018/

Ohne Insekten bricht alles zusammen, Zeit Online, https://www.zeit.de/wissen/umwelt/2017-10/insektensterben-bienen-deutschland

More than 75 percent decline over 27 years in total flying insect biomass in protected areas, Plos One (Journal), https://journals.plos.org/plosone/article?id=10.1371/journal.pone.0185809

Weltorganisation für Meteorologie (WMO), https://public.
    wmo.int/en
Zwischenstaatlicher Ausschuss für Klimaänderung (IPCC),
    Bericht 2018, https://www.de-ipcc.de/media/content/
    SR1.5-SPM_de_barrierefrei.pdf
Greenwashing to go? (Kaffeebecher-Statistik), Zeit Online,
    https://www.zeit.de/wissen/umwelt/2017-08/kaffeebecher-
    pfand-nachhaltigkeit-umweltschutz/komplettansicht
Bundesverband der Deutschen Fleischwarenindustrie, BVDF
    (Fleischkonsum Deutschland), https://www.bvdf.de/
    in_zahlen/tab_05
Kraftfahrt-Bundesamt (Autos in Deutschland), https://
    www.kba.de/DE/Statistik/Fahrzeuge/Bestand/bestand_node.
    html
Ökologische Marschmusik (Jasper von Altenbockum,
    FAZ), https://www.faz.net/aktuell/politik/inland/
    scheinoekologisches-diktat-in-der-energiepolitik-15988645.
    html
Weckruf der Weltbank, Tagesspiegel (Zusammenfassung der
    Weltbank Studien), https://www.tagesspiegel.de/politik/
    weckruf-der-weltbank-140-millionen-klimafluechtlinge-
    bis-2050/21091728.html

Abdruck der Abbildung *Past and future mitigation rates for
1.5° Celsius* auf Seite 158 mit freundlicher Genehmigung von
Robbie Andrew/Creative Commons Attribution 4.0.

BERND ULRICH

GUTEN MORGEN, ABEND-LAND

—

DER WESTEN AM BEGINN EINER NEUEN EPOCHE
EIN WECKRUF

Kiepenheuer
& Witsch

Die politischen Selbstverständlichkeiten sind gehörig ins Wanken geraten. Die Welt, wie wir sie kannten, ist »aus den Fugen«. Doch mittlerweile zeigen sich die Konturen einer neuen Welt immer klarer. Man muss sie nur sehen wollen.

Kiepenheuer
& Witsch

Bernd Ulrich kritisiert in seiner Streitschrift die politische Klasse der Bundesrepublik, der er eine gefährliche Verdrängung der politischen Wirklichkeit vorwirft. Seine These: »Nie haben sich deutsche Politiker so sehr vor der Wahrheit gedrückt.« Angesichts der ungelösten Großkrisen unserer Zeit fordert er eine größere Offenheit und Ehrlichkeit und kritisiert die herrschende Beschwichtigungspolitik.